# バカロレア幸福論

## フランスの高校生に学ぶ哲学的思考のレッスン

坂本尚志

星海社

122
SEIKAISHA SHINSHO

JN252596

# はじめに

フランス人は日本人より幸せです。

150以上の国や地域が対象となっている国連の『世界幸福度報告』(2016年)によれば、フランスは32位。それほど高くないと思われるかもしれません。

しかし、日本はその下の53位です。

世界のトップではないにしろ、フランス人は日本人より幸せということになります(ちなみに1位はデンマーク、2位はスイス、3位はアイスランドです)。

一体なぜフランス人は日本人より幸せなのでしょうか?

フランスの社会は日本の社会よりも「よい」のでしょうか。

いくつかの統計を見てみましょう。

1. 失業率

2017年10月時点での日本の失業率は2・9%、フランスは9・4%です（OECD〈経済協力開発機構〉の統計による）。

失業率が圧倒的に高いのはフランスの方です。

2. 殺人発生率

2015年の人口10万人あたりの殺人発生率は、フランスが1・58件（205の国・地域のうち149位）、日本が0・31件（同197位）です（UNODC〈国連薬物・犯罪事務所〉の統計による）。

1位のエルサルバドルが108・63件と圧倒的なので、どちらも比較的安全であることは間違いないですが、フランスの殺人発生率は日本の実に5倍です。

3. 交通事故死者数

交通事故の死者数はどうでしょうか。

2015年の人口10万人あたりの交通事故死者数は、フランスが5・4人、日本が

3・8人です（交通事故総合分析センターの統計による）。

僅差ではありますが、やはり日本の方が少ないです。

**4.** 肥満率

成人の肥満率は、フランスは15・6％、日本は4・5％です（WHO〈世界保健機関〉の統計による）。

どちらも世界平均18・9％を下回ってはいますが、日本よりもフランスの方が明らかに高い。もちろん肥満自体は悪いことではありませんが、健康に及ぼすリスクを考えるとこの違いは重要でしょう。


今あげた数字では、どれも日本の方がフランスを上回っています。

もちろん他のデータではフランスの方がすぐれているものや、日本とフランスが同程度のものもあります。

しかし、失業、殺人、交通事故、肥満率といった、社会生活を平穏に営む上で重要な指標は日本の方がよいのです。

これらの指標に従うなら、フランスで暮らすということは、仕事にありつけず、犯罪や事故に遭う確率は高く、潜在的な病気のリスクが高い身体の状態にある可能性も高いということです。

にもかかわらず、『世界幸福度報告』のランキングはフランスの方が上なのです。

もちろん、幸福であるかどうかは客観的なデータだけで推し量ることは難しいものです。「あなたは幸福ですか？」と訊かれた時に、統計データを参考に答える人はいないでしょう。幸福は何にもまして個人的な問題であり、主観的な問題です。どれだけ絶望的な状況に置かれている人であっても、本人が幸せであるならば、その人は幸せです。

しかし、社会状況と個人の幸福は決して無関係ではありえません。日本は幸福な生活を送るための条件がフランスより揃っているように思えます。にもかかわらずなぜ、フランス人は日本人より幸福なのでしょうか？

1990年代に「フレンチパラドックス」という言葉がもてはやされたことがありました。動物性脂肪の多い食事をしているフランス人に、心臓疾患が少ないという逆説のことです。

幸福にもフレンチパラドックスがあります。

日本よりもリスクの多い社会に暮らしていながら、彼らはわれわれよりも幸福です。

それはなぜなのでしょうか？

ひとつの原因は、彼らが幸福について「学ぶ」機会があるからではないでしょうか。

幸福について「学ぶ」。

それは幸福とは何かを考えることです。

フランス人は高校で哲学を学びます。哲学は文系理系を問わず必修であり、大学に入るためにはバカロレアと呼ばれる試験で、哲学科目を絶対に受けなければなりません。

そして、幸福は哲学の重要なテーマのひとつでもあります。


つまり、フランス人にとって「幸福」は、「感じる」ものであると同時に「考える」ものなのです。

その点で日本人とフランス人は異なっています。

われわれ日本人は幸福を物質的な豊かさや他人との比較で考えがちではないでしょうか。

しかし、もし幸福について自分の頭で考える習慣があればどうでしょう。何を幸福と感じるかは人によって異なります。その違いを論理的に説明できるとしたら、幸せは単なる物質的な豊かさや他人との比較とは違う、人それぞれに固有の貴重な価値になるでしょう。

フランス人が哲学で学ぶのは、まさにそのような思考の訓練です。哲学的に考える技術は、幸福に生きるための武器を与えてくれるのです。

この本では、フランス人が学ぶ幸福についての哲学的思考を見ていきます。

そのために、フランスの教育制度や、特に哲学教育の内容についてまず知ってほしいと思います。

そして、フランス人が自分たちの思考を表現するやり方のひとつに哲学小論文（フランス語でディセルタシオンと呼ばれています）というものがあることを紹介します。哲学小論文では、哲学的な問題について、議論の型に従って考え、表現することが求められます。

それこそが、フランス人が「幸せ」である秘訣のひとつなのです。

たとえば、彼らは以下のような問題について考えなければならないのです。

「われわれは幸福になるために生きているのだろうか？」

「われわれは他者の幸福を実現する義務を持っているのだろうか？」

「死は幸福にとっての障害だろうか？」

幸福を漠然とした心の状態として捉えているだけでは、このような問題に答えることはできません。幸福であるとはどういうことなのか、われわれにとって幸福であるとはどういう意味を持つのか、そうした問いを手がかりにして、幸福について考えることが、問題に答える出発点なのです。

つまりこの本は、考えることで幸せになる方法をフランス人から学ぶことを目的としているのです。

このような「思考の型」を知り、「幸せ」についてのさまざまな哲学的考え方を学べば、私たちも今より「幸せ」になれるのではないでしょうか？

簡単にこの本の構成を説明しておきます。

第1章では、高校生が受験するバカロレア試験がどのようなものかを見ていきます。バカロレア試験は高校の修了資格を取得するための試験であり、合格すると大学に入学することができます。哲学は初日の最初の受験科目です。

第2章では、哲学試験で必要とされる哲学小論文の答案の書き方を扱うとともに、そこから私たちにも役立つ思考のヒントを見つけだします。

第3章では、フランスの高校での哲学の授業で扱われる「幸福」に関するさまざまな哲学的な考え方を紹介します。

第4章では、バカロレア哲学試験で実際に出題された幸福に関する問題を解きながら、思考のプロセスを追体験していきます。

幸せとは何か、という問題に、誰もが納得できる形で答えることは容易ではありません。

しかし、幸せについて考える方法を学び、それによってそれぞれが自分の幸せについて筋道立てて考えられるようになること、それがこの本の目的です。

目次

Chapitre 2
## 「思考の型」を身に付けて「自分で考える」ようになる

Chapitre 3

## 幸福とは何だろうか?

## Chapitre 4
## 現代人の幸福に関する悩みを考えてみる

## 「孤独のなかで幸福でいられるのだろうか?」 149

Chapitre

# 1

# フランス人は大学に入るために、幸福について考える

## バカロレア哲学試験とは何だろうか？

## フランスの「大学入試」バカロレア

日本の大学入試シーズンが本格化するのが、1月半ばの大学入試センター試験であるならば、フランスの「入試シーズン」は6月です。

しかし、「入試シーズン」という言い方は適当ではありません。後で見ていくように、バカロレア試験は日本の入試とはかなり性格が違うものなのです。

バカロレアは、大学入学資格試験とか、中等教育修了資格試験と翻訳されます。高校までの勉強を終えたということを証明する資格で、日本で言えば高校卒業資格にあたるでしょう。

しかし、バカロレアが日本の高卒資格と違うのは、それが全国一斉の試験であるということと、それを取得すれば大学に入学することができるという点です。

日本の高校では卒業認定はそれぞれの学校が行います。

一方、フランスの場合は大学入試センター試験のような全国規模（フランス本土だけでなく、海外県や海外領土、海外のフランス人学校なども含むので、ある意味全世界規模）で行われる試験によって、生徒が中等教育を修了したかどうかを認定するのです。

バカロレアに合格すると、基本的には自分の希望する大学の学部に進学できます。フランスの大学はすべて国立で、学費も安いです。学士課程なら年2万5千円程度です。大学に入るために、高校生たちは何としてもバカロレアに合格しようと努力するのです。

しかし、大学に入ったからといって安心はできません。日本に住む私たちにとっては、入試がないというのは良いことに思えるかもしれませんが、原則として誰でも好きな大学の好きな学部に入れるということは、人気大学・人気学部には学生が集中するということです。

私がフランスの大学で日本語を教えていた時代にも、学生が殺到するあまり教室に人が収まりきらなかったり、教員が足りなかったりという事態が頻発していました。教室のダブルブッキングもよく起こりました。

そうした状況で勉強を続けるのは簡単ではありません。フランスの大学では、進級する学生より留年する学生の方がずっと多いのです。

入試がないために大学に入りやすいということは、大学1年生の時点でさまざまな不都合を引き起こします。

とはいえ、バカロレアを取得した全員が大学に進学するわけではありません。なかには専門学校や技術短期大学部（IUT）という実学志向の学校に進む者もいます。特に優秀な学生たちはバカロレア取得後大学に入らず準備学級という高校に併設された2年間の課程に進み、エリート養成機関であるグランゼコールと呼ばれる学校への進学を目指します。

グランゼコールは大学とは違い選抜試験があり、トップ校は非常に狭き門です。たとえば、エコールポリテクニックという学校を卒業して企業に就職すると、彼らは最初から部長級のポストに就きます。新卒の管理職という、日本では考えられない人々が舵取りをするのがフランスという国なのです。

## コースで中身が大違いのバカロレア

バカロレアに話を戻しましょう。

バカロレアには3種類あります。普通バカロレア、技術バカロレア、職業バカロレアです。

大学進学を目指す高校生のほとんどが普通バカロレアを受験します。

技術バカロレアは、より職業に結び付いた高等教育課程に進む高校生が受験します。

職業バカロレアは高校で職業教育を受けた高校生や、就労経験のある人々のためのものです。

このうち哲学試験があるのは普通バカロレアと技術バカロレアです。

普通バカロレアはさらに三つのコースに分かれています。文科系、理科系、経済社会系です。

技術バカロレアの方も、将来進みたい仕事の分野によって、工業、農業、経営といったコースに分かれています。変わったところでは、音楽やダンスに関する職業を選ぶ高校生たちも技術バカロレアを受験します。


受験科目はどうでしょうか。

フランス語、数学、地理歴史、理科、外国語といった科目があります。彼らにとっての「国語」であるフランス語だけは高校2年生の終わりに受験することになっていますが、その他の科目は高校3年生の終わりに受験します。変わったところでは体育という科目がありますが、これは試験一発勝負ではなく、それぞれの高校で学年中に評価された成績が用いられます。特殊な評価方法をとる体育を除いては、どれも日本の高校生が受ける科目とそれほど変わらないでしょう。

しかし、哲学という科目の存在が、日本の大学入試とバカロレアの違いを生み出しています。日本にも倫理のような科目がありますが、バカロレア哲学試験のように長文の論述が要求されることはほぼありません。

バカロレアの種類やコースによって哲学に対する重みには差があるものの、普通バカロレアと技術バカロレアでは哲学が初日の最初の科目です。試験時間は4時間で、解答は記述式です。その内容は後で詳しく見ていくこととして、もう少しバカロレアの全体像について見てみましょう。

## バカロレア試験の歴史

バカロレア試験は1808年に創設されました。

最初の試験科目はギリシャ語とラテン語の著者、修辞学、歴史、地理、哲学に関する口頭試問だったようです。最初の合格者は31人でした。その後も同世代に占める合格者の割合（現在の日本で18歳人口に占める大学進学者の割合などを想像してもらうといいでしょう）は非常に小さく、1880年代にようやく1％に達しました。

20世紀中頃からバカロレア合格者は爆発的に増えていきます。

1946年に同世代の4・4％だった合格者は、1968年には19・6％に飛躍的に増えています。これが第一の拡大期であるとすれば、1980年から1995年は第二の拡大期といえます。この時期合格者数は25・9％から62・7％へと伸びました。この増加には技術バカロレアの創設（1968年）と職業バカロレアの誕生（1985年）も大きく寄与しています。

そして現在、2017年のバカロレア合格者の同世代に占める割合は、実に78・9％です（普通バカロレア41・2％、技術バカロレア15・7％、職業バカロレア22・0％）。

このうち哲学の試験を受けるのは、普通バカロレアと技術バカロレアです。2017年にこの二つのバカロレア取得者が同世代人口に占める割合は、先の統計によると56・9％です。

2016年度の日本の高等学校卒業者の現役大学進学率が54・8％（平成28年度学校基本調

査）であることを考えると、日本の大学進学者が全員哲学を履修し、試験を受けているとイメージすればちょうどよいでしょう。

## フランスのテストはみんな20点満点

次にバカロレア試験の評価方法について見ておきましょう。

バカロレアに限らず、フランスの試験は20点満点で採点されることがほとんどです。合格点は10点以上。12点以上には十分に良い（assez bien）、14点以上には良い（bien）、16点以上には非常に良い（très bien）の評価が付けられます。10点以上12点未満の合格者には評価を表す言葉は付きません。

バカロレア試験も各科目が20点満点で採点されます。そして各科目の重要度に応じた係数によって重みづけがされ、全体の平均が算出されます。

たとえば、理科系では数学が係数7、物理・化学が係数6、哲学が係数3、文科系では文学が係数4、地理歴史が係数4、哲学が7のように、それぞれの科目の重要度が係数に反映されています。受験科目の選択等によってこの係数は変化しますが、普通バカロレアと技術バカロレアでは、哲学は必修科目であり、平均点に多かれ少なかれ影響を及ぼす位置にあります。

一般的に、フランスの試験の採点は厳しいと言われています。2017年の合格率は普通バカロレアで90・66％とかなり高いのですが、80％以上の得点（つまり16点以上）をとる生徒は、2017年の普通バカロレアの場合では13％で、10点以上12点未満が37・3％を占めています。

技術バカロレアの場合はさらに極端です。合格率は90％を超えていますが、16点以上の得点者は全体の2・4％であり、46・8％が10点以上12点未満の評価なしの成績で合格しています。もちろん受験者の層の違いなどはあるでしょうが、バカロレアで良い成績をとることはなかなか簡単ではないのです。

では、バカロレア試験の採点はどのように行われるのでしょうか。

日本の大学入試センター試験や各大学の入学試験が基本的に大学教員の手によって作成され、採点されるのに対して、バカロレア試験の問題は、高校教員が作成し、採点します。この点からもバカロレアは中等教育修了試験として位置付けられていると言えます。

成績の発表についてはどうでしょう。

バカロレアの場合は、結果が高校や各地域の試験センターなどに貼りだされると同時に、インターネットでも公開されます。

受験者の名前と成績のリストは、誰でもアクセス可能です。点数まではわかりませんが、受験者の名前、その合否と評価が国民教育省のウェブサイトに掲載されています。

成績がこうして公開されることは、驚くことではありません。

たとえば、フランスでは中学校の成績会議には保護者代表と生徒代表が出席し、全生徒の成績を決める場に立ち会います。

たとえば、カンヌ映画祭で最高賞のパルムドールを受賞した映画『パリ20区、僕たちのクラス』(ローラン・カンテ監督、2008年)では、成績会議に出席した生徒代表が会議でのやり取りを成績の悪い生徒に伝えてしまい、そのせいで教師と生徒の関係が悪くなる様子が描かれています。

情報が洩れる危険があるのなら、生徒代表を入れなければいいのでは、とわれわれ日本人は思ってしまいます。しかし、学校の成績は公開されるべきものであり、利害関係者の立ち合いのもとで決定されるべきであるという思想がそこには存在しているのです。

## フランス人だって哲学には苦労している

こうした採点システムや試験風土の中で、哲学の試験はどのような位置にあるのでしょうか？

科目ごとの平均点は公開されていないのですが、哲学者リュック・フェリー（彼は2002年から2004年まで国民教育大臣も務めています）とアラン・ルノーによると、バカロレア哲学試験の平均点は20点中7点であり、これはバカロレアの他の科目の平均点と比べて4点低いということでした。普通バカロレアでは47％の答案が7点以下、そして71％以上の答案が10点以下ということです（ちなみに7点というのは、問題や課題文が理解できていない、というレベルである）。

たとえば数学では43％の答案が10点以下で、7点以下は19％ということを考えると、哲学の難しさは際立っています。

また、12点以上の答案も、フランス語の13％、地理歴史の15％に比べて、哲学はわずか9％と明らかに少ないです。

フランスの高校生が哲学を学んでいるといっても、全員が哲学を得意としているわけではありません。ほとんどの生徒が平均点に達する答案を書くことなく、他の科目の貯金でバカロレアを取得しているとも言えるでしょう。

だから、哲学を学んでいるフランスの高校生は日本の高校生よりも賢いとか、成熟しているという議論は実態を踏まえていません。哲学試験は彼らにとって高い壁として立ちはだかっているし、その壁を越えられない者もまた多いのです。

しかし、なぜ哲学はそんなに難しいのでしょうか？

哲学という学問が、あまりにも多くのことを知らなければできないものだからなのでしょうか？　あるいは、数学や理科と違ってはっきりした答えがないつかみどころのないものだからでしょうか？

たぶんそうではないと私は思います。

しかし、その問いにきちんと答えるためには、まずバカロレア哲学試験と、それが評価する対象である高校での哲学の授業についてもう少し見ていかなければならないでしょう。

## バカロレア、最初の科目は哲学！――4時間の筆記試験

毎年6月中旬に行われるバカロレア試験は、高校3年生にとっては高校で最後の、そし

て最大のイベントです。

ここでの成否はその後の進路の選択にも影響します。

成績は7月上旬に発表されるので、合格していればその後9月の新学期までバカンスを楽しめるというわけです。


先に述べたように、バカロレア試験の最初の科目は哲学です。試験時間は4時間。朝8時から12時までです。試験は記述式で、書籍などの持ち込みは認められません。高校生たちは自分の思考力と記憶をたよりに哲学の問題に向き合います。

では、一体どのような問題が出題されるのか見てみましょう。

普通バカロレアでは、それぞれのコースで3題の問題が出題されます。

そのうち2題がディセルタシオンと呼ばれる哲学小論文の問題で、問題形式は短い一文の問いかけです。

残りの1題はテクスト説明と呼ばれる問題で、10~15行程度の哲学書の抜粋を読んで、そこでどのような問題や概念が扱われていて、議論がどのような構造になっているかを説明することが要求されます。

生徒はこの3題のうち1題を選択して解答します。
以下は2017年の普通バカロレアの問題です。

文科系

1. 認識するためには観察するだけで十分だろうか?
2. 私が行う権利を持っていることすべては正しいのだろうか?
3. ルソー『人間不平等起源論』からの抜粋の説明

経済社会系

1. 理性によってすべてを説明することができるのか?
2. 芸術作品とは必ず美しいものだろうか?
3. ホッブズ『リヴァイアサン』からの抜粋の説明

理科系

1. 自分の権利を擁護することは、自分の利益を擁護することだろうか?

2. 自分自身の文化から自由になれるだろうか？
3. フーコー『思考集成』からの抜粋の説明

一読して、おそらく「こんな問題を高校生が解くのか！」と思うのではないでしょうか。哲学小論文のどの問題も、一体どうやって解答すればいいのか、そもそも何を書いたらいいのかわからない、というのが多くの日本人の反応ではないかと思います（もしかするとフランスの高校生の多くもそうなのかもしれませんが、それはまた別の話です）。

## 高校3年生は「哲学漬け」

なぜこんなに難しい問題が出題されるのでしょうか？

それにはもちろん理由があります。

高校生たちはぶっつけ本番で哲学の問題を解くわけではありません。フランスの高校（リセと呼ばれる）では、最終学年に哲学の授業があります。文科系では週8時間、経済社会系では週4時間、理科系では週3時間という時間数が割り当てられています。

週8時間というのはかなりの時間配当ではないでしょうか。フランスのある高校の文科系の時間割を見てみると、哲学の授業は1時間ないしは2時間で、平日の5日間に満遍なく履修することになっています。高校の最終学年はかつて「哲学級」と呼ばれていましたが、それにふさわしい哲学漬けの日々を高校生たちは送るのです。

では、高校での哲学の授業はどのようなものなのでしょう。

フランスの国民教育省が2003年に発布した哲学教育のカリキュラムによれば、その目的は、それまで生徒が習得してきた知識を統合しながら、考える力を鍛え、最終的には自律的かつ批判的に考え、行動できる市民となる準備を整えることです。

高校最後の一年間で行われる哲学の授業はこのような目的で行われるわけですが、具体的には何がどのように教えられているのでしょうか。

哲学を担当するのは教員資格を持った教員です。授業の内容、方法については、教員各自の裁量に任されています。基本は講義とバカロレア試験に向けた哲学小論文やテクスト説明の添削指導であることは確かですが、教員によって授業にはかなりの多様性があるようです。

フランス人が高校時代の哲学の授業を思い出して語ると、授業内容よりも先生の独特なキャラクターについての思い出話になることもしばしばです。

そうした教育内容・方法のばらつきが許容されている背景には、フランスの資格社会としての特徴が関係しています。

フランスでは、ある資格を取得しているということは、その人が資格にふさわしい能力を保持しており、しかもその能力は生涯にわたって維持されるものであるという考え方があります。

つまり、どのような資格でも一生ものなのです。

たとえば運転免許を取得するということは、自動車を運転する能力を生涯にわたって獲得したということです。だからフランスには日本のような運転免許の更新制度がありません。70代の女性が20代の頃の写真が貼られた免許証で運転していても何の問題もないのです。

同じことは、教員免許についても言えます。

教える資格を持った教員が教えるのだから、その内容・方法がどうであれそれはきちんとしたものであるはずだ、という想定（あるいは幻想？）のもとにフランスの教育制度は機能しています。内容より形式（資格）が大事というお国柄は、なかなか興味深い点です。

こうした特徴は、哲学試験の採点にもあらわれています。高校で哲学を教えた経験のある、私のフランス人の友人にバカロレア試験の採点基準についてかつて尋ねたことがあります。

彼の答えは「採点基準はないよ」という驚くべきものでした。バカロレア試験の大量の答案は、採点担当の教員に均等に割り当てられ、各教員が採点を行います。点数の転記等には確認作業があるものの、採点の妥当性自体は問われないということでした。

ということは、教員の好みによって点数が上下するということも考えられるわけですが、資格持ちの人間が採点しているので信頼できる、という考え方があるために、その可能性は排除できる、と考えられているようです。

## 哲学教育のカリキュラム――しっかり哲学を学ぶ

教員によって授業の内容や方法の違いが大きいといっても、国民教育省制定のカリキュラムには授業で取り上げるべき概念（表1）や哲学者（表2）のリスト、そして哲学的なものの見方をすることを助ける「手がかり」（表3）のリストが掲載されています。
まず、概念のリストを見てみましょう。

表1　哲学教育が扱う概念（文科系）

| 領域 | 概念 |
|---|---|
| 主体 | 意識<br>知覚<br>無意識<br>他者<br>欲望<br>存在と時間 |
| 文化 | 言語<br>芸術<br>労働と技術<br>宗教<br>歴史 |
| 理性と現実 | 理論と経験<br>証明<br>解釈<br>生物<br>物質と精神<br>真理 |
| 政治 | 社会<br>正義と法<br>国家 |
| 道徳 | 自由<br>義務<br>幸福 |

このように、5つの領域があり、それぞれに複数の概念が割り当てられています。試験では、たとえば「意識とは何か」とか「自由とは何か」という問題が扱われることもあるでしょうし、あるいは「主体とは何か」「理性とは何か」といった、領域自体が問題にされる場合もあります。その意味では、領域はその下に属する概念をまとめるラベルであると同時に、他の概念と同じように議論や分析の対象でもあるのです。

経済社会系、理科系はより少ない数の概念を扱うこととなっています。

この23の概念のうち、経済社会系で取り上げないものは「知覚」、「存在と時間」、「理論と経験」、「生物」の4つであり、かわりに文科系にないものとして、政治の領域に「交換」という概念が加えられています。これは経済学や経営学などのコースに進む生徒に合わせた選択です。

また、理科系で扱わないものは「知覚」、「他者」、「存在と時間」、「言語」、「歴史」、「理論と経験」、「解釈」の7つの概念です。経済社会系では扱わない「生物」が対象に含まれ、「言語」や「歴史」といった文科系のテーマと考えられる概念が扱われなくなっています。

次に、哲学者のリストをみてみましょう。

表2「哲学者のリスト」一覧

| 古代・中世 | 近代 | 現代 |
|---|---|---|
| プラトン | マキャベリ | ヘーゲル |
| アリストテレス | モンテーニュ | ショーペンハウアー |
| エピクロス | ベーコン | トクヴィル |
| ルクレティウス | ホッブズ | コント |
| セネカ | デカルト | クルノー |
| キケロ | パスカル | ミル |
| エピクテトス | スピノザ | キルケゴール |
| マルクス・アウレリウス | ロック | マルクス |
| セクストス・エンペイリコス | マルブランシュ | ニーチェ |
| プロティノス | ライプニッツ | フロイト |
| アウグスティヌス | ヴィーコ | デュルケーム |
| アヴェロエス | バークリ | フッサール |
| アンセルムス | コンディヤック | ベルクソン |
| トマス・アクィナス | モンテスキュー | アラン |
| オッカムのウィリアム | ヒューム | ラッセル |
| | ルソー | バシュラール |
| | ディドロ | ハイデガー |
| | カント | ウィトゲンシュタイン |
| | | ポパー |
| | | サルトル |
| | | アレント |
| | | メルロ＝ポンティ |
| | | レヴィナス |
| | | フーコー |

ここにも多くの哲学者の名前が出てきて圧倒されるかもしれません。

しかし、もちろん、これらの哲学者すべてを平等に扱うということではなく、また、すべての哲学者のすべての著作を読むべしと要求されることもありません。

たとえばカントだと主著の『純粋理性批判』を全部読むというようなことは（教員によりますが）なく、『道徳形而上学の基礎づけ』のような比較的わかりやすい本が選ばれることが多いようです。

続いて、「手がかり」のリストです。

表3「手がかり」一覧

| | |
|---|---|
| 絶対的／相対的 | 抽象的／具体的 |
| 現実態／可能態 | 分析／総合 |
| 原因／目的 | 偶然的／必然的／可能的 |
| 信じる／認識する | 本質的／偶有的 |
| 説明する／理解する | 事実上／権利上 |
| 形式的（形相的）／物質的（質料的） | 類／種／個体 |
| 観念的／現実的 | 同一／平等／差異 |
| 直観的／論証的 | 合法な／正当な |
| 間接的／直接的 | 客観的／主観的 |
| 義務／制約 | 起源／基礎 |
| （論理的に）説得する／（感情的に）納得させる | 類似／類比 |
| 原則／結果 | 理論上／実践上 |
| 超越的／内在的 | 普遍的／一般的／個別的／個体的 |

手がかりは、哲学的な議論で頻繁に用いられる対義語や類義語をまとめたものです。こうした言葉の意味をきちんと理解し、適切に使用できるということは、抽象的な概念の差異を区別しながら議論できるということです。哲学だけでなく一般社会においても広く役立つ能力です。

これらの概念、哲学者、手がかりをどう教えるかは、教員の裁量に任されています。概念別に教えることも可能ですし、いくつかの哲学書を取り上げて、そこに現れるさまざまな概念の関係を議論していくこともできるでしょう。

ただし、高校で学ぶ哲学は、大学の哲学科で行われるような哲学史的視点からの研究ではありません。哲学を専門に研究する場合、哲学者の属する学派や思想的背景や、ある概念をめぐる問題の歴史をしっかり理解しておかなければなりませんが、高校での哲学は、著者の議論を哲学史の文脈から切り離した形で扱います。

なぜなら、高校で哲学を教える目的は、哲学者を育てることではなく、哲学という知のモデルを使って自律的・批判的に思考する力を育てることだからです。ですから、哲学史の知識はあまり問題とされないのです。

## バカロレア試験出題数ランキング――「自由」が僅差で第1位

ここで、バカロレア試験の出題数ベスト10を見ておきましょう。出題傾向を見ておくことは、哲学教育の中で何が教えられ、何が重視されているかを理解する手がかりになるからです。

ランキングは1996年から2015年までの20年間で出題された992問を対象に集計しました。複数の概念が組み合わされている概念（労働と技術、理性と現実など）については、片方のみが問題に出てくることがほとんどであるため、別個のものとして集計しています。

集計対象となった概念は全部で37種類でした。なお、複数の概念が組み合わされている問題は、重複して数えています（たとえば、「芸術は真理に到達するための一手段だろうか」のような問題は、「芸術」と「真理」の両方でカウントしています）。

| | | |
|---|---|---|
| 1位 | 自由 | 252問 |
| 2位 | 芸術 | 245問 |
| 3位 | 真理 | 236問 |
| 4位 | 理性 | 132問 |
| 5位 | 道徳 | 131問 |
| 6位 | 歴史 | 121問 |
| 7位 | 技術 | 120問 |
| 8位 | 正義 | 111問 |
| 9位 | 幸福 | 105問 |
| 10位 | 言語 | 97問 |

２００問を超えている「自由」「芸術」「真理」の３つは重要な哲学的問題であると同時に、高校生たちがそれまで学んできたことや、持っている知識を活用しながら考えることのできる問題でもあります。

４位以下に関しても同様であり、たとえば「歴史」のようなテーマは、高校生の歴史に関する知識を哲学的に見直すという意味で、これまでの学びと哲学的思考の接点になっています。

「幸福」は第9位です。100問超えの概念はわずか9ということもあり、バカロレア哲学試験で幸福の問題が頻繁に出題されていることがよくわかるでしょう（ちなみに最下位は「知覚」と「生物」で、どちらも21問です。「知覚」は文科系のみの学習事項、「生物」は文科系と理科系のみの学習事項であることも影響しているでしょう）。

出題数ランキングから見えてくるのは、高校での哲学の授業とバカロレア哲学試験が、高校生のそれまで学んできたこと、そして彼らが考えてきたことについて、哲学的問題の扱い方を通じて振り返ってもらおうという意図をもっているということです。

しかも、こうした概念が頻出であることを知り、試験に向けて対策をしていく中で、高校生たちは単なる試験対策にとどまらない思索に足を踏み入れてもいるでしょう。

この本のテーマである「幸福」もまた、高校生たちにとっては受験対策の対象である以上に、自分たちが生きる意味について考える機会になっています。

いわば、フランスの高校生は、幸福について考えないではいられない立場に置かれているのです。

では、実際に幸福について哲学的に考えるとはどういうことでしょうか？

次章では、バカロレア哲学試験で必要とされる、思考の方法について見ていきましょう。

Chapitre

# 2

# 「思考の型」を身に付けて「自分で考える」ようになる

## バカロレア哲学試験で学ぶ思考の方法

先に見たバカロレア哲学試験の問題は、高度な能力がないと解けないように思えるかもしれません。

実際、バカロレアにおいて哲学の平均点が他の科目に比べて低いということは、哲学試験の難しさを示しているとも言えるでしょう。

**学習参考書は考えるヒントの宝庫**

しかし、バカロレアは中等教育修了資格試験です。

高校生の多くが卒業時に受ける試験が、難問奇問だけで構成されているはずがありません。

しかも日本のように難関大学の試験ではなく、フランス中の高校生が広く受ける試験なのです。問題の解法について、どこかに手がかりがあるはずです。

その手がかりとは、学習参考書です。

日本と全く同じように、フランスにもバカロレアを受ける高校生向けの参考書が数多くあります。哲学の試験用の参考書はレベルの低い学生から高い学生までさまざまな内容、形式のものが出版されていますが、そこには二つの共通点があります。

第一に、哲学教育のカリキュラムに示された領域や概念の内容についてコンパクトにまとめられた解説がほぼすべての参考書に掲載されていることです。

そして第二に、その解説を踏まえて、バカロレア哲学試験の小論文やテクスト説明の答案をどう書くかという方法が示されていることです。

つまり、高校最後の一年間で学ぶ内容が整理され、それをどう試験に活かすのかというノウハウが凝縮されているのがバカロレア哲学試験の学習参考書なのです。

そして重要なことは、参考書によって表現や構成の違いはあるものの、答案作成の方法は大筋で同じであるということです。つまり、バカロレア哲学試験には解答の「王道」が存在するのです。それをマスターしさえすれば、第1章で紹介した、「認識するためには観察するだけで十分だろうか?」のような問題にも答えることができるというわけです。

## 「思考の型」を自分のものにするために

この章では、このバカロレア哲学試験の解法を紹介していきます。

この解法は、この本のテーマである「幸福」についてフランス人が考える時に用いる「思考の型」です。このフォーマットを使えば、さまざまな哲学的問題に答えることができるのです。

なお、この本では哲学小論文（ディセルタシオン）の解法のみに焦点を当てます。なぜなら、バカロレア哲学試験の中で大きな比重を占めるのが哲学小論文ですし、テクスト説明の解法も紹介するとなると、説明するテクストの引用やその背景知識の確認などが必要とされるからです。テクスト説明の解法については別の機会に譲り、ここでは哲学小論文の解法を主な対象とします。


ところで、この章は「哲学小論文の書き方」という、多くの人にはほとんど縁のないものを扱っています。構成や表現のテクニックなどを細かく説明しても読む気が起きないという人もいるかもしれません。それは当然です。

ですから、以下の説明部分では、見出しの後ろにその節のポイントを短くまとめておきます。ポイントを見て興味を引かれたら、ざっとでもいいのでそこを読んでみてください。

また、第4章で実際に哲学小論文の問題を考えてみるときにも、この章の内容を参照することになります。どこの部分を見ればよいのか、ページ数を示しますので、その時に戻って読み直してもらってもかまいません。

思考のヒント❶

# 自由に書くのではなく、「型」を守って書く！

ここでもう一度、バカロレア哲学試験の小論文とはどのようなものかについて簡単にまとめておきましょう。

高校での哲学教育の目的は、生徒がそれまで学んできた知識を統合しながら、批判的、自律的に考える力をつけることです。生徒の哲学的才能を育てることや、思考の独創性を育むことではありません。

どちらかというと、一年間を通じて学んできた「思考の型」を、学んだ哲学的知識を活用しながら、さまざまな問題に当てはめていく能力を育てることが目指されているのです。

後で見るように、この「思考の型」は問題に対する答えの導き方もある程度決めてしまいます。だから、哲学小論文で必要なことは、問題が暗黙の裡《うち》に要求している解答を、決められた構造に従い記述するということなのです。

とはいっても、解答の書き方や議論の進め方は人によってかなり個性が出てきます。この「型」は、多様な個性を持つ人々が考えたことを、最低限のルールの中で表現してもらおうという目的を持っているのです。

たとえば、運動場でてんでばらばらに走り回っている人たちに、ボールとゴールを与え、コートのラインを引いてサッカーをさせると、みんなの動きはルールに従ったものになります。しかしそれでもそこには個性を表現する余地は大いにあるでしょう。「思考の型」はサッカーのフィールドとルールのようなものです。

この「型」は哲学だけでなくいろいろな領域の問題に応用可能です。

つまり、哲学小論文の目的とは、哲学を題材に議論の形式、組み立てを学び、社会生活において広く役立つ「思考の型」を身につけているかどうかを評価することなのです。

思考のヒント❷

# 持ち時間の半分は考える時間である！

はじめに哲学小論文の答案を作成する時の作業の段階を確認しておきましょう。

いきなり解答を書き始めるのはもっともやってはいけないことです。

そんなことをすれば思いつきを書き連ねただけの駄文が出来上がります。解答を書き出す前の準備が成否を決めるのです。


まず、問題を分析します。

問題文を読み、それぞれの語が何を意味しており、互いにどのような関係を持つかを理解することで、問題文の意味を正確に把握する作業です。

次に、構成案を作ります。

構成案は導入、展開、結論という3つの部分から作られます。これは、哲学小論文のスタートとゴール、そして間の道のりを決める設計図です。おそらく4時間の試験時間のうち、1~2時間がこの作業に費やされるでしょう。ここをしっかりしておかないと、いざ書き出してみても行き詰まる確率が高くなります。

文章を書く前に、まず文章の枠組みをしっかり作っておこうというのが基本的な考え方です。

**問題の分析**

思考のヒント❸

## 問題の中心的なテーマをまず理解する！

バカロレア哲学試験が始まったばかりだと想像してみましょう。

答案用紙に名前やその他の情報（出生地や生年月日）を記入した後、問題を眺めます。そして3題のうち1題を悩みつつ選択します。それが哲学小論文問題であった場合、まず問題を分析しなければなりません。

問題を分析するとはどういうことでしょうか？

それは、問題が「何についての問題であるか」を理解することです。そこには2つのステップがあります。

まず、授業内容を振り返って、その問題がどのようなテーマに関係するものかを見分けることです。たとえば、「芸術は役に立たないものか？」という問いが出題されれば、それが「芸術」というテーマに関係することはすぐにわかります。

もちろん、ひとつのテーマだけでなく複数のテーマが関係する場合もあります。「芸術家は労働しているのだろうか？」という問題であれば、「芸術」だけでなく「労働」というテーマも関係しています。

テーマの識別ができて初めて、一体何について書かなければならないのかがわかるのです。

次のステップは、そのテーマが「どのように問われているか」を理解することです。そのためには、問題の細部をよく観察しなければなりません。

思考のヒント❹

# 動詞や副詞のちょっとした違いに敏感になろう！

問題の細部を観察するとはどういうことでしょうか？

まず大事なことは、問題にどのような言葉が使われているかを見ることです。それは、主要なテーマが何か、ということだけでなく、それがどのような問題の中に現れているのかを理解することです。

たとえば、「他者に導かれることとは、自分の自由を放棄することか」という問題の場合、「他者」と「自由」という主要テーマが問題を構成しています。しかし、それだけではありません。他者に「導かれる」とはどういうことか、そして自由を「放棄する」とはどういうことか、そうした言葉もまず定義しておかねばならないのです。

しかもその定義は、国語辞典の一般的な定義ではなく、哲学的な議論の中で用いられる定義でなくてはなりません。

つまり、問題の細部を観察するとは、短い文章で表現されている問題が何を表しているのかを、それぞれの言葉の意味を定義しつつ理解することなのです。


さらに、テーマや動詞、あるいは名詞のような意味の定義が必要であることがわかりやすい言葉だけでなく、形容詞や副詞、否定の表現にも注意が必要です。

たとえば「人間は自分自身を意識しているか」という問題と「人間は自分自身を常に意識しているか」という問題は、ほぼ同じように見えますが、「常に」という副詞の有無で答え方が変わってきます。

最初の問題だと、「人間は自分自身を意識している」という答えと、「人間は自分自身を意識していない」という二つの答えを比較することが必要ですが、後の問題だと「人間は自分自身を常に意識している」と「人間は自分自身を常に意識しているとは限らない」という異なる二つの答えを比較しなければなりません。

このような問題の答え方については後で詳しく見るとして、ここでは問題の細部までしっかりと観察することの大事さを強調しておきます。

**問いかけにも「型」がある**

---

**思考のヒント❺**

## 質問のバリエーションを知っておけば考える時間が節約できる！

---

もう一つ大事なことは、問題がどのような問いかけ方をしているかを見分けることです。問いかけ方にはいくつかの種類があります。

まず、バカロレア哲学試験の問題は大きく2種類に分けられます。可能な答えが二択（あるいは三択）になるものと、それ以上の数の答えが考えられるものです。

二択あるいは三択になる問題とは、先に見た「芸術は役に立たないものか？」のような問題のことです。この問題に答えようとすれば、少なくとも「芸術は役に立つ」（つまり「はい」）という答えと「芸術は役に立たない」（つまり「いいえ」）という二つの答えが考えられます。

大体の問題には「はい」と「いいえ」で答えられる選択肢が存在します。その双方について考えなければなりません。三択というのは、「どちらでもない」あるいは両者を統合した答えが導き出せることもあるからです。

それ以上の数の答えが考えられるものとは、「なぜわれわれは自由でありたいのか」「どのように私は自分が何者であるかを知ることができるのか」といった「なぜ」とか「どのように」が問われる問題です。そうした質問には、二つあるいは三つにとどまらない多様な解答ができます。

しかし最近は、こうした形式の問題はあまり出題されません。なぜなら理由や方法を問うこうした問題に対しては、多くの選択肢を羅列するだけの答案が作られることが多いからです。

採点はより多くの可能性を考え出したことではなく、それらの可能性の間の論理的関係がきちんと整理されているかを評価します。だらだらとした列挙に陥る危険の大きいこうした問題は、選択肢が妥当であるかの判断がすぐには付きにくいため、採点者にとっても負担が大きいのです。

だから、バカロレアの哲学小論文問題のほとんどは二択（あるいは三択）問題です。このような問題の答え方を知っておけば、哲学小論文の解き方を知っているといっても過言ではありません。

さて、バカロレアの哲学小論文問題には、頻出する問いかけの形というものがあります。そのほとんどが、二択問題です。以下のような問題の形が出てくれば、何が問われているかがわかるのです。

**1. ～は可能か**（～できるか）

この形式では、ある概念や行為の可能性について問われています。たとえば、「未来を知ることは可能か?」といった問題です。

**2. ～は許されるか**

この形式では、あることについてわれわれが行う権利を持っているのかが問題とされます。「他者を支配することは許されるか?」のような問題が典型です。

### 3. ～すべきか

この問題形式が問うのは、ある行為が道徳的な義務であるのか、あるいはそうでなくても必然的になすべきことであるのか、ということです。例として「常に他者を尊敬すべきか?」のような問題があります。

### 4. ～は十分か

この問いの形では、ある条件が、目的を達するための十分条件であるかが問われています。たとえば、「自己を統御するためには、自己を意識するだけで十分か?」のような形です。

### 5. ～は真か（～は正しいか）

これは、ある言明が正しいかどうかについての問いです。「『人間は欲望のみを持ち、動物は欲求のみを持つ』と言うことは正しいか?」のような問いがその例です。

この5つの問いかけの形式はすべて「はい」あるいは「いいえ」で答えられます。問題に応じてこの二択を作ることが問題の分析で最低限必要なことです。

もちろん、この5つに当てはまらない問いかけの形も存在します。

たとえば、「自由は平等によって脅かされているのか?」のような問いは、「はい」(脅かされている)と「いいえ」(脅かされていない)という二つの答えを導き出すことが要求されています。

どのような問いかけであっても、この手続きは変わりません。問題もそれができるような形に作られているのです。


このように問題に対して「はい」と「いいえ」の二つの答えを想定してみることは、決してバカロレア哲学試験でだけ役に立つ考え方ではありません。

仕事や日常生活で何かを決めないといけない時に、まずその状況を整理してひとつの問いにしてみましょう。

たとえば、「今の仕事を続けるべきだろうか」といった問いを考えます。そして、その問いに「はい」と「いいえ」で答えを出してみる。

何かを決める時に、人はどうしてもどちらか一方の選択肢に肩入れしがちで、もうひとつの選択肢を軽んじてしまいます。

しかし、ある問題に対して「はい」と「いいえ」の答えをほぼ機械的に導き出すことを習慣づけていれば、そうした先入観から少しでも自由になれるのではないでしょうか。

問題の分析は試験のためだけに行われるのではありません。

考える、決断するという社会一般で役立つ能力を育てるという目的もあるのです。


さて、こうして二つの答えの選択肢が得られたとしても、そこで満足してはいけません。二つの答えは両極端で、だからこそどちらも正しくないことがありえるからです。その場合には、第三の答えを探さなければなりません。

そのためにも、問題の分析は次のステップに進まなければならないのです。

思考のヒント❻

## ひとつの問題を複数の問いの集まりに翻訳すれば、考える道筋が見えてくる！

問題の細部をしっかりと分析できたなら、次に行うことは、問題を言いかえてみることです。

なぜ問題を言いかえなければいけないのでしょうか？

一つの問題には答えが少なくとも二つあります。

たとえば、「国家のない社会は可能だろうか？」という問いに対しては、「国家のない社会は可能である」という答①と、「国家のない社会は不可能である」という答②を考えることができます。

そして、この二つの答えが同時に正しいということはありえません。まったく正反対のことを述べているからです。そこには矛盾が存在します。

バカロレアの哲学小論文とは、問題に隠れた矛盾や対立を見つけ出し、それを解決する作業なのです。


矛盾を解決するためにはどうしたらいいのでしょうか？

それぞれの答えがどういうものなのか、そしてなぜ正しいと言えるのかをはっきりさせればいいのです。そのためには、問題に関係するいくつかの問いを投げかけてみて、二つの答えのどちらを支持すべきかを考える手がかりを作ればいいでしょう。


「国家のない社会は可能だろうか？」という問いを引き続き例にとりましょう。

この問題には少なくとも二つの問いのグループをぶつけることができます。

最初に、定義に関する問いです。

「国家」や「社会」とは何なのか、それをはっきりさせるのがこの問いのグループの目的です。

もう一つの問いのグループは、問題に対する答えに関するものです。

「国家のない社会が可能である」とか「不可能である」とか、なぜそのように答えることができるのでしょうか？　その理由をはっきりさせなければいけません。そのための問いです。

たとえば、以下のような問いを考えることができるでしょう。


「国家のない社会」とはどういうものなのか？

国家と社会は切り離せるものなのだろうか？

国家がなくても社会はまとまっていられるのだろうか？

なぜまとまっていられるのだろうか？

「国家のない社会」が可能だとしたら、あるいは不可能だとしたら、それはなぜなのだろうか？

「国家のない社会」が可能であるためには、どのような条件が必要なのだろうか？

そしてそれはどのように存続するのだろうか？


このように、可能な答えに対して徹底的に「問いつめる」のが、問いを発見する作業です。こうして複数の問いが浮かび上がってきます。

短い文章で出題される問題は、このようにして「問題群」に書きかえられます。哲学小論文ではこうした問いに答えながら、一体どちらの答えが正しいのかを考え、その過程を書きます。


ところで、こうした問いを作り出すコツは何でしょうか？

それは「何」「なぜ」「どのように」「仮に～ならどうなのか」といった疑問を作る言葉を使うことです。

「国家のない社会は可能である」という答えを例にして考えてみましょう。

「国家のない社会」とは「何」か、という問いがまず作れます。そして、「国家のない社会」は「なぜ」可能なのかという根拠に関する問いや「どのように」という、可能であるための道筋に関する問いが立てられます。そして、「仮に国家のない社会が可能なら、何が起こるのか」といった、仮定にもとづく推論の結果についての問いが立てられます。

こうして問いは増えていき、小論文の中で答えるべき課題を明らかにしていくのです。

この「問いつめる」方法は、試験以外の場面でも役に立ちます。「何」「なぜ」「どのように」「仮に〜ならどうなのか」といった問いかけの言葉は、ある状況の中で自分が気づいていないこと、はっきりと言葉にできていないことを可視化するのに非常に有効です。

一つの問題について徹底的に考えることの重要性はわかっていても、いざ実行しようと思うとなかなか難しい。そんな時は、「何」「なぜ」「どのように」「仮に〜ならどうなのか」のような言葉を使ってまずは問いを作ってみましょう。問いを作る習慣ができれば、考える習慣もついてくるのです。

問題の分析についてまとめておきましょう。

まず、どんなテーマが問われているのかを理解する。次に、問題のすべての言葉を注意深く見る。その時に問いかけの形が何かを見分け、どのような答えを作ることができるかを確認する。最後に、問題や可能な答えからさらに問いを作りだし、何について考えるべきかを明らかにする。

こうして一文のそっけない問題が、答えるべき問題群へと変容するのです。

構成案は哲学小論文の設計図

思考のヒント❼

## 書く前にスタートからゴールまでの道筋を決めてしまおう！

問題の分析を終えると、次は構成案を作らなければなりません。いきなり文章を書き出すのではなく、どこで何を書くのかをあらかじめまとめた設計図を準備するのです。

哲学小論文は、導入、展開、結論という3つの部分で構成されています。導入では、問題の分析の結果を踏まえて、全体の構成を予告します。展開は、2～3つの部分で構成されます。それぞれの部分で、一つの可能な答えについて論じていくのです。

結論では、展開部分での議論を振り返り、問題に答えます。

構成案では、それぞれの部分で何をどういう順番で書くのかを決めます。簡潔な箇条書きで内容を書き出していきます。そうすると、哲学小論文を書く時に自分が今何をしているのかをしっかり認識しながら書き進めることができます。その意味では構成案は設計図でもあり、地図でもあります。


問題の分析を踏まえて、構成案を作るときにまず決めなければならないことは、展開部の部分の数です。

展開部がいくつになるかの決め手は、可能な答えの数です。「はい」「いいえ」だけを論じるのであれば、二つ。その二つの答えを踏まえて三つ目の答えについて論じるのであれば三つです。

そして、展開部の順序も決めておかなければなりません。

選択肢が二つだけの場合は、自分が支持する選択肢の方を後ろに、そうでない方を前に持ってきます。

三つの場合は「はい」でも「いいえ」でもない選択肢を最後に持ってきます。「はい」「いいえ」の選択肢はその前に置かれますが、自分の考えにより近い方を後、遠い方を前に置きます。なぜなら、結論では最後の選択肢の内容を自分の結論として書くので、こうした方が話の筋道が行ったり来たりせずわかりやすいからです。

こうして選択肢の順序を決めるのですが、その決め方のポイントは何でしょうか。

自分の考えに近い方を後に持ってくることができればよいのですが、どちらも甲乙つけがたい場合もあるでしょう。

そんな時には、「反論しやすい答え」を前にもってきましょう。

もちろん、そのような弱点がある答えについても、なぜそれが成り立つのかを論拠を示しながら説明する必要はあります。しかし、その答えの弱点をその部分の最後に指摘することで、次の部分にスムーズに移行することができるのです。

その意味では、小論文の議論は必ずしも自分の考えを述べるものではありません。反論のしやすさや論拠の豊富さなどが組み立てを決めている面もあるのです。

思考のヒント❽

## 部分の「役割」を意識すると、思考の流れは驚くほどスッキリする！

導入は、問題の分析の結果を示し、こうして決まった展開部の構成を予告する役割を持ちます。まず用語や概念の定義を行い、問題の選択肢を示します。その際、選択肢の順番は展開部の順番と同じになるようにします。そして、そこに矛盾や対立を発見し、それを解決するための問いを列挙します。そうしておけば、展開部分で何を議論するかがわかりやすくなります。

展開部分では、決めた順序にしたがって、それぞれの選択肢を検討していきます。その際に、その選択肢を支持する哲学的論拠を複数用いることが必要です。どのようなものが論拠であるのかは次章以降で見ていきましょう。ひとつの選択肢から次の選択肢へ移行する際には、次の選択肢の議論にスムーズに移行できるように問いかけの形で終えることがよいとされています。小論文はいたるところに問いを立て、それに答える形で作られているのです。

結論では、まず展開部の議論を要約した上で、自分が支持する結論を述べます。そこでいきなり新しい議論の要素を持ち込まないようにしなければいけません。

これが構成案の骨格です。

次にこの構成案にもう少し中身を増やす必要があります。

特に展開部分でどのような論拠を用いて、どのような主張をするのかを整理しておかなければなりません。

たとえば、「国家のない社会は可能だろうか？」という問題の場合は、「国家のない社会が可能である」と「国家のない社会は不可能である」という二つの答えそれぞれに、その主張を補強する論拠を見つけてこなければなりません。

「可能である」の方には、たとえばロックやヒュームの国家が唱えた成立に先立って存在する「市民社会」の考え方が論拠として用いられるでしょうし、「不可能である」の立場には、個々人が自分の権利を君主に移譲するという社会契約説を唱えたホッブズや、国家を人間の共同体の完成形と考えるヘーゲルの考え方を使うことができるでしょう。

そして重要なことは、こうした哲学者の主張を使いながらも、それが単なる切り貼りや羅列ではなく、論理的な一貫性を持った議論として構成されていることです。構成案はそうした論拠の順序やつながり方も示すものであれば理想的です。

**正しい引用は高得点の秘訣**

## 思考のヒント❾ 「権威」を引用して、使いこなせ！

哲学者の主張を羅列してはいけないということは、哲学者の主張をいい加減に扱ってはいけないということでもあります。

どの学習参考書でも強調されているのが、哲学書の引用が高得点のためには必要である、ということです。しかも、その引用は正確でなければなりません。

どのくらい正確でなければならないのかというと、たとえば「アリストテレスがこう言った」とか、「アリストテレスが『ニコマコス倫理学』でこう言った」では不十分です。良い引用とは、「アリストテレスは『ニコマコス倫理学』第10巻第7章においてこう言った」のように、引用する著作名だけでなく、できるだけ詳細な引用箇所も明記したもののことです。

もちろん、引用文もできる限り正確でなければなりません。アリストテレスの例では「人間の完全な幸福とは、観想活動である」という文章が引用されていればよいでしょう（もちろん翻訳の違いなどで多少の違いは許されるでしょうし、参考書によってはそこまで引用箇所を細かく書かなくてもよいとしているものもあります）。

こう書くと、いきなりハードルが上がったように感じるかもしれません。

しかも、引用は適切で効果的でなければならない、とも強調されています。問題文に関係のありそうな著作をやみくもに引用するのはかえって逆効果で、採点者の心証を悪くするようです。

ではどうすればいいのでしょうか。

引用文を暗記するということは哲学書を丸暗記することではありません。高校最後の一年間でできるだけ多くの哲学書を読み、重要な部分を抜き出して暗記しておくことができれば理想なのでしょう。しかし、そこまでの労力は割けないことの方が多いでしょう。

バカロレアは哲学だけではないのです。

そういった高校生のために、哲学における重要な引用をテーマ別に集めた本も存在します。ひとつの引用は2~3行で、それが500個とか1000個掲載されているものです。もちろん全部覚える必要はありませんが、どういうものが重要なのかがわかり、受験準備の助けになります。

このような意味では、哲学の勉強にも暗記が必要であることがわかります。多くの引用文を覚えていれば、それだけ適切な引用ができることになり、高得点が望めるのです。

ヨーロッパでは詩や文学作品の一節を暗唱する習慣がありますが、そのように哲学的文章も暗記しているのです。日本でも中学生が百人一首を暗記したりしますが、そのような感じだと思えばよいでしょう。

それからもう一つ、上級者向けになるのですが、問題を言い換えるために、文学や美術などの芸術作品を例に挙げることが勧められる場合もあります。

たとえば、ドストエフスキーの小説『罪と罰』の主人公ラスコーリニコフが金貸しの老婆を殺したことを例にして、人間の自由と正義の関係を問う、といったものです。

こうした芸術作品の使い方は、高校生がそれまでに身に付けてきた教養を問う方法でもあります。

**構成案から哲学小論文を作る**

**思考のヒント⑩**

# 自分の意見と反対の意見をまず検証しよう!

こうして出来上がった構成案を哲学小論文にしていくのが解答の最後のステップです。

先の構成案であれば、箇条書きになっているアイデアを文章の形にしていくという作業です。

その時に気をつけなければいけないのは、接続詞を用いて、文章の間の関係をはっきりさせておくことです。

それぞれの部分で何を書かねばならないのかをまとめておきましょう。

導　入

・まず、用語や概念を定義する。
・次に、問題を言い換えて「問題群」を作る。
・最後に、そうした問題群をまとめるものとして、出題された問題を末尾に置く。

展　開

・二～三つの部分で構成する。
・それぞれの選択肢に一つの部分（複数の段落で構成される）を当てて、それがなぜ正しいと言えるのか、選択肢を支持する論拠を複数挙げながら論じる。

・自分が支持する選択肢とは対立する選択肢から検討する。

・前の論拠の中の要素を、次の論拠によって説明することができればわかりやすい。たとえば、言葉の定義→選択肢の説明→選択肢の中の要素の説明→問題点の発見、のような順序である。

・各部分は複数の段落から成り、各段落は一つずつ役割を持つ。たとえば、言葉の定義、選択肢の提示と説明、選択肢の利点・問題点の検討、例の提示・意味の検討、問題の提起などの役割である。

・各部分の終わりでは、次の部分の議論を導くように問いかけで終える。そうすると、次の部分の議論を問いかけに答える形で始めることができる。（ただし、結論の前の部分では議論が終わらなくなるので問いかけは行わない。）

・論拠の間のつながりや段落の間のつながりを、接続詞を使って明示する。

・引用は論拠の正当性を示し、議論を補強するために行う。

**結論**

・問題文の問いに答える。つまり、「はい」「いいえ」「どちらでもない」のどれを支持するかを明確に示さなければならない。

・結論では、展開の各部分の内容を要約し、最後に問いに答える文章を置く。その際、展開部の表現をそのまま繰り返すのではなく、異なった表現で要約することが要求される。

・もし余裕があるなら、哲学小論文の考察が提起する新たな問いを投げかけることで、結論を終える。

### 実際の構成案を見てみよう

このように構成案の作り方を見てきましたが、それだけではわかりにくい部分も多いでしょう。

実際の構成案とはどのようなものなのかを、「欲望を恐れるべきだろうか?」という問題を例にして、ここで具体的に見ておきましょう。

## 問題「欲望を恐れるべきだろうか？」

導入

1. 欲望とは、ものの欠如によって生まれ、それを充足することで自身を消し去ろうとする矛盾した存在である。しかし、それはわれわれの本質である。

2. しかし、エピクロスのような古代の哲学者は、欲望は危険であると考え、欲望を統御すること、あるいは消し去ることを勧めている。

3. いかなる意味で欲望は危険なのか？　われわれはどのように欲望の危険に立ち向かうことができるのだろうか？　欲望はわれわれの本質なのだから、それを恐れるとは自分を恐れることであり、矛盾していないだろうか？

4. 本当に欲望を恐れないといけないのだろうか？

## 展開❶ 欲望を恐れるべきである

1. 欲望とは、充足によって快楽を生み出すものの、同時にまた新たな欲望と苦悩を生み出す際限のない危険な存在である。

2. しかし理性は、苦しみをもたらす欲望と異なり、節度と知恵の原理であり、われわれに秩序をもたらしてくれる。

3. 欲望は、われわれの内部にある。そのことがわれわれの苦悩を引き起こしているが、同時にそれは理性によって欲望を抑える可能性が存在するということでもある。

4. しかし、欲望を抑えるためには、意志の力が必要である。意志とは、欲望の中の非難されるべきもの、特に欲望の際限のなさを抑える能力である。つまり、理性と意志によって欲望の危険を抑えることができるのである。

5. しかし、欲望を危険なものとして恐れ、それを打ち負かそうとすることは賢明なのだろうか?

## 展開❷ 欲望を恐れなくてもよい

1. 欲望はわれわれの本質であるのだから、欲望を理解することはわれわれの本質を理解することである。

2. 欲望こそが人間を他の動物と区別している。つまり、欲望によって人間は人間となるのだ。

3. スピノザが言うように、欲望は人間の本質であり、欲望の対象とは異なる新たな価値を作り出す力である。

4. 幸福へと至るためには、欲望の存在を認め、私の新たな存在を探すために役立てるべきではないか。

5. 欲望を恐れるのは、欲望によって作り出される新たな私の存在を恐れているからであろう。

6. ゆえに欲望を恐れて消し去ろうとすることは愚かしいことである。なぜなら欲望の消去とは、われわれの力をなくすことに等しいからである。

結論

1. 欲望はその際限のなさによってわれわれにとっての危険となる。理性と意志こそが欲望を抑える力である。

2. しかし、同時に欲望はわれわれの本質である。欲望を恐れて消し去ろうとすることは、欲望の充足によって生み出される新たな価値や生の在り方を否定することである。

3. もちろん、単に欲望を満足させることが重要なのではなく、まず欲望を理解し、欲望によって新たな価値を作り出していくことが必要である。それによって人間は人間になる。

4. 欲望とは危険ではあるが、われわれの新たな存在を生み出す力でもある。

5. ゆえに、極度に恐れる必要はない。

6. では、欲望はいかにしてわれわれの新たな価値の創造を可能にしてくれるのだろうか?

---

この設計図をもとにして、哲学小論文を書き進めていくわけです。構成案で議論の流れがしっかりと作られていれば、それに肉付けしていくことで小論文は完成します。箇条書きで書かれている論拠をより詳しく説明したり、各項目の間をスム

ーズにつなげたりすることが哲学小論文の執筆段階では必要です。

もちろん、執筆の過程で足りない部分や修正したい部分は出てくるものですが、よく練られた構成案があれば、大幅な変更は起こらないでしょう。

逆に言えば、哲学小論文の成否は構成案の出来にかかっているのです。構成案には哲学小論文を書くための基本的な構成要素がすべて出そろっています。その意味で、構成案の作り方が理解できたら、哲学小論文の「考え方」はほぼ100%理解できたと言えるのです。

ここでもう一度、10の思考のヒントをまとめておきましょう。

❶自由に書くのではなく、「型」を守って書く!
❷持ち時間の半分は考える時間である!
❸問題の中心的なテーマをまず理解する!
❹動詞や副詞のちょっとした違いに敏感になろう!
❺質問のバリエーションを知っておけば考える時間が節約できる!
❻ひとつの問題を複数の問いの集まりに翻訳すれば、考える道筋が見えてくる!

❼書く前にスタートからゴールまでの道筋を決めてしまおう！
❽部分の「役割」を意識すると、思考の流れは驚くほどスッキリする！
❾「権威」を引用して、使いこなせ！
❿自分の意見と反対の意見をまず検証しよう！

この10のヒントは、バカロレア哲学試験のためだけのテクニックではなく、わたしたちが日常生活や仕事の上で出会うさまざまな問題を考える上でも役立つでしょう。

次の章では、この「考え方」を使うための材料を見ていくことにします。

材料は、「幸福」です。

正確には、幸福について哲学はどのように考えてきたのかという問題です。

特に、フランスの高校の哲学の授業で、幸福はどう教えられ、考えられてきたのかに焦点を当てます。

Chapitre

# 3

# 幸福とは何だろうか？

## フランスの高校生が学ぶ哲学

この章では、バカロレア哲学試験に向けてフランスの高校生が学ぶ哲学を、実際の講義に近い形で紹介していきます。

特に、「幸福」について、フランスの高校生がどのようなことを学んでいるのかを見ていくことにしましょう。

幸福の問題は昔からさまざまに考えられてきました。おそらく人類が考える能力を獲得して以来、幸福の問題は絶えず考えられてきたのではないかと思います。

言ってみれば、幸福の問題は人類最古の問題のひとつなのです。

でも、それだけ長い間考えても、私たちは「これが幸福だ！」という答えにいまだにたどり着いていません。これはどういうことなのでしょうか？　幸福の定義はそれほど難しいのでしょうか？

まず幸福の定義について考えていきましょう。

**幸福とは何か？**

さまざまな哲学者による幸福の定義を見ていきましょう。幸福とは一体何で、どのように手に入れることができるのでしょうか？

アリストテレス

## 幸福は「最高善」である！

古代ギリシャの哲学者アリストテレスにとって、幸福とはあらゆるもののなかでもっとも望ましく、よいものです。幸福は「最高善」だと、彼は『ニコマコス倫理学』のなかで述べています。

善は三種類に分類されると彼は考えます。第一に、外的な善（富、権力、名誉）、第二に、身体にかかわる善（健康や肉体美）、第三に魂にかかわる善（節制、勇気、知恵）です。アリストテレスによれば、このなかでもっとも重要なのは魂にかかわる善です。というのも、節制や勇気や知恵は、すぐれた人間が持つ徳という資質であり、徳に基づく行為こそが善いものであり、幸福へと人を導くからです。

幸福を善とみなすこの立場のことを幸福主義と言います。

アリストテレスにとって幸福とはもっとも善く、もっとも美しく、もっとも快いものです。


しかし、幸福が最高善であることを多くの人が受け入れたとしても、幸福とは何であるかについて人々の意見は対立します。

アリストテレスは人間の生活に三つの類型を区別しています。

第一に、享楽的生活です。このような生活では、快楽こそが幸福であると考えられています。第二に、政治的生活です。そこで重要なのは名誉です。第三に、観想的生活です。徳にもとづき神や世界、自分自身の魂について考える生活です。

アリストテレスは第三の観想的生活こそがもっとも尊いものであると考えます。それは「知恵を愛する」という意味を持つ哲学の営みであり、そこで得られる知の快楽はもっとも純粋であり、確実であるというのです。


もちろん、アリストテレスの言うように、魂の活動こそが幸福であると考える人もいるでしょう。一方で、外的な快楽や肉体的な快楽、あるいは名誉や権力に価値を見出す人もいるでしょう。

何を幸福と考えるかは人によってさまざまです。お酒が好きな人にはお酒を飲むことは幸福そのものですが、お酒を飲めない人にはそれは幸せでもなんでもありません。

ですから、幸福を具体的に定義することは難しいのです。

快楽主義

## 幸福は快楽だ！

人が幸福な状態である時に、何を感じているか、という問いを出発点にして幸福について考えたひとびとがいます。

彼らは、人は快楽を感じた時に幸福であるという仮説を立てます。人生の目的は幸福になることであり、そして幸福は快楽を感じることによって得られる、という立場です。

こうした立場を、幸福主義の中でも特に快楽主義と呼びます。

快楽主義の例としてよく挙げられるのは、プラトンの『ゴルギアス』という本の中に出てくるカリクレスという人物の主張です。

プラトンの著作のほとんどが対話篇と呼ばれる形式で書かれており、プラトンの師であるソクラテスとさまざまな人物との対話によって真理が明らかになるさまが描かれています。

カリクレスは快楽主義者であり、自分自身の欲望をできるだけ大きくなるまで放置しておいて、その欲望を勇気と思慮を用いて満たし、大きな快楽を得ることこそが幸福だと考えています。この考え方は、快楽主義の典型です。

もっともソクラテスはカリクレスとの対話の中で快楽主義を批判し、正義や節制といった徳を持つことが幸せであり善いことであると主張するのですが、ここではその詳細には立ち入らないで、もう少し快楽主義について見ていきましょう。

古代ローマのエピクロスもまた、幸福とは快楽であると考えました。

しかし、誤解してならないのは、エピクロスは豪華な食事や性的快楽を楽しむことによって幸福になれるとは考えていないことです。

『メノイケウス宛の手紙』の中で、彼は欲望を三つに分類しています。まず、欲望は自然的なものと、自然的でないものに分類できます。自然的なものの中には、必須なものとそうでないものが含まれています。ですから、エピクロスの分類は以下のようになります。

1. 自然的で必須の欲望——生命の維持に必須の欲望（食べる、飲む、眠るなど）
2. 自然的だが必須ではない欲望——生命の維持には必要でない贅沢を望む欲望（おいしいものを食べる、良い酒を飲む、性的な快楽を求める）
3. 自然的でも必須でもない欲望——富や名声、権力にかかわる欲望

人間はこうした欲望に突き動かされて快楽を求めるのです。欲望があるのは快楽が存在しない時です。快楽を求めるのはあらゆる人々の生きる動機であり、目的でもあります。

では、どんな快楽を求めるべきでしょうか。

エピクロスは「身体の健康と心の平静」を与えてくれるような快楽のみを選択するべきだと言います。そのためには、あらゆる快楽を受け入れるのではなく、それぞれの快楽がもたらす利益と損失を注意深く見極めなければなりません。

しかも、幸福になるためにはより多くの快楽を得る必要はないのです。大事なのは「自己充足」だとエピクロスは考えます。人間は、多くのものを持っていなくてもわずかなもので満足することができます。たとえば、極度に空腹の人は質素な食事であっても贅沢な食事と同じくらいの快楽を得るでしょう。食事は必須のものですが、豪華さは必須のものではないのです。

エピクロスは贅沢な食事を楽しんではいけないとは言いませんが、それに適した状態に心身を整えることが必要だとも戒めています。

そしてまた、運によって左右される快楽ではなく、われわれ自身の行為によって得られる快楽を大事にしなければなりません。ですから、何を行うべきかをよく考えることがもっとも重要なことです。そのために必要な資質が思慮であり、人間は常によく考えることによって、快楽に満ちた人生を送ることができ、それによって、徳のある人間となり幸せになることができるのです。

功利主義

# 快楽計算と快楽の質

快楽が幸福をもたらすものの、快楽の選択には注意深くなければならないという、快楽主義の考え方は、近代にも受け継がれています。

18世紀イギリスの哲学者であるベンサムは、快楽の価値を計算する方法を考え出しました。それは快楽の強さ、持続性、確実さ、近さ、(他の快楽をどれほど生み出すかという)多産性、(同時に苦痛を生み出さないという)純粋性、(他の人々に及ぼす影響の)範囲という条件によって計算されるものです。

なぜこのような計算を彼は考えたのでしょうか?

それは彼が快楽を幸福と考える快楽主義の立場をとっていたからです。快楽計算とは、どの快楽を選択すれば、より多くの幸福を得ることができるのかを知るための方法です。快楽とは幸福であり、幸福とは善です。

しかし、快楽計算によってもっとも善いとされた快楽が、動物的で下等なものであったらどうするのでしょうか。快楽主義に対しては、快楽ならなんでもいいと考える「豚の哲学」であるという批判もなされてきました。

ベンサムの後を継いで功利主義の考え方を発展させたミルは、快楽の質の比較の問題に取り組みました。

彼によれば、快楽の質の違いとは、快楽の量の多い少ないではありません。たとえば二つの質の違う快楽があった時に、双方の快楽を経験した人は、かならず質の高い快楽を選ぶはずだとミルは言います。単なる快楽の量の違いではなく、質の違いも注目しなければならないということです。このことをミルは「満足した豚であるより、不満足な人間である方がよく、満足したバカであるより不満足なソクラテスであるほうがよい」と、独特の言葉で述べています。

つまり、快楽であれば手当たり次第に満たそうとするのではなく、注意深く質の高い快楽を選び、それを満たそうとするのが人間であるということです。

ストア派

# 無益な欲望を捨てよ!

快楽主義は、自分自身の欲望をよく知り、必要な欲望を満たすことを勧める立場です。しかし、そこからさらに進んで、極限まで欲望を捨てることを唱えた人々もいます。その中でも代表的なのがストア派と呼ばれる人たちです。

ストア派にはさまざまな哲学者がいますが、ここではその一人、1世紀から2世紀にかけて活躍した古代ローマの哲学者エピクテトスの主張を例に見ておきましょう。

エピクテトスは、世界の事物を自分の力の及ぶものと自分の力の及ばないものの二つに区別します。

そして、自分の力の及ばないものを手に入れようとすることを一切あきらめること、そして自分の力の及ぶものについても、自然的でないものを手に入れることをやめるように言います。満たすことの許される欲望とは、生存に必要な自然的なものだけなのです。

しかも、彼によれば、肉体に関する事柄(食事、運動、排泄、性交)などに時間を使うのは愚かなことで、すべての注意を心に向けなければならないのです。このことから、満たすことを許される欲望でさえも、最低限にとどめなければならないことがわかります。彼はまた、自分の手の及ばないものに対する欲望を満たすことは軽蔑すべきだとまで言っています。富や権力や名誉をうらやむことをきっぱりやめ、羨望や嫉妬から離れた自由人になることが大事なのです。

さらにエピクテトスは、世界が自分の思い通りになることはないと強調します。出来事が自分の望む通りに起こることを望むのではなく、出来事が起こるように起こることを望みなさいと彼は言います。つまり、世界の秩序を受け入れることが重要なのです。なぜなら、世界とは神によって完璧に作られた美しく正しいものだからです。人間は世界の中で神に役割を与えられており、その役を演じることを求められているのです。役が気に入らなくても仕方がありません。選ぶのは自分ではなく神なのですから、おとなしくその境遇に甘んじるべきなのです。

死ぬこともまた、恐ろしいものではありません。死は世界の秩序の中に組み込まれたもので、それを恐ろしいと思うのは、われわれが死について誤った考え方をしているからなのです。恐れや不安について、世界や他人に責任を求めるのではなく、自分自身の心にその原因を求めることが大事なのです。

こうして欲望をできる限り断念し、世界をありのままに受け入れることによって人は幸せになれるとエピクテトスは考えます。極端な生き方ですが、確かにこうすることによって人は心を乱されず平和に生きることができるかもしれません。

## ストア派の末裔

デカルト

こうしたストア派の考え方を受け継いだ哲学者のひとりに、17世紀に活躍したデカルトがいます。

彼はその著書『方法序説』の中で、幸福に生きるために自分が従うルールのひとつに、「運命よりむしろ自分に打ち克つように、世界の秩序よりも自分自身の欲望を変えるようにつねに努める」ことを挙げています。

世界で起きるさまざまな出来事は運命に従って起きるのであり、その流れを変えようとするよりは、自分自身の欲望や思考を吟味し、平和に生きるために自分自身を変容させることが大事だとデカルトは考えているわけです。
ストア派の考え方はこうして時代を超えて生き残っているのです。

スピノザ

## 自己の存在に固執せよ

17世紀オランダの哲学者スピノザは、これとは全く異なる幸福論を展開しました。彼にとって、幸福とは自己が存在し続けるための努力に他なりません。世界に存在するものはすべて、その存在を脅かすものに対抗し、存在し続けようとします。人間も例外ではありません。自己の存在に固執する努力こそが、人間の本質なのです。そしてこの努力が精神と身体の両方に関係するものである時に、それは欲望と呼ばれます。欲望は自分の能力を増大させようとする努力です。それが満たされた時に、人は快楽を感じます。

人間は欲望する存在であり、善悪はそこから生まれます。人間は善いものを欲望の対象とするのではなく、欲望の対象こそが善いものなのです。

このようなスピノザの立場は、快楽主義に近いと考えられるかもしれません。

しかし快楽主義が善い欲望とそうでない欲望の区別を説いたのに対して、スピノザは欲望こそ善であり、存在し続けることに徳の基礎が存在すると主張する点で、より徹底しています。

では、欲望する存在としての人間の究極の目標は何なのでしょうか？

欲望の充足によって感じられる喜びによって、人はより完全な存在へと近づいていきます。そして精神は最高善へと到達します。それは神の認識だとスピノザは言います。人間の究極の目標は知性の完成であり、それを目指して人間は生きているのです。知性によって神を直観的に認識すること、そこに最高の幸福、至福が存在すると彼は言います。

スピノザの哲学は欲望からとんでもない高みにまで人間を連れて行くのです。

ここでは詳しく立ち入ることはできませんが、スピノザの思想のなかでの欲望と幸福の独特の関係は非常に興味深いものです。

フロイト

# 人間は幸福を求めて病む

19世紀末から20世紀初めに、精神分析を創始したオーストリアの精神科医フロイトも、「文化への不満」という短い文章で、自分の学説を出発点として幸福について考えています。

人間は人生に何を求めているのでしょうか？

それは自分の幸福であるとフロイトは言います。そして幸福を求めるとは、強い快感を得たいと願うことなのです。人間には快楽を求め不快を避ける精神的な傾向があります。これを「快楽原則」と呼びます。

しかし、快楽は一時的なものにすぎないので、人間が幸福になることはほぼ不可能です。それに対して不幸になることははるかに簡単です。それでも人間は幸福を求めずにはいられない存在です。現実と折り合いをつけて、不幸や苦痛を免れたことに幸福を感じるようになったり、快楽を得ることが後回しにされたりするのです。

人間が快楽を得るためには欲望を満足させなければなりません。しかし、欲望は満たされないことも多く、その場合は苦悩が生み出されます。

一つの解決策は、欲望をさまざまな方法によってコントロールすることです。フロイトは薬物や酒、芸術、仕事、幻想などの例を挙げています。しかしそのどれもが決定的に有効なものではありません。重要なことは、人それぞれに異なるリビドー（欲動）のあり方と、その人を取り巻く状況に見合った解決策を見つけることだとフロイトは言います。

幸福は実現不可能ですが、その追求をやめることはできない以上、どうにかして快楽を得る方法を見出さなければならないのです。そしてそれが失敗した時に残された道が、神経症への逃避であると彼は考えるのです。

幸福についてのさまざまな定義を見てきましたが、幸福という一見はっきりとしたものが、実はこれほどまでに定義しづらいものなのです。哲学に限らず学問は、われわれが当たり前だと思っているものが実はそうではないことを明らかにしてくれますが、幸福という概念についてもそれは当てはまるように思います。

次に、幸福に関して意見が対立するいくつかの問題を見ていきましょう。

## 幸福は個人的なものか、集団的なものか？

アリストテレスをはじめとする幸福主義の立場をとる哲学者たちは、主に個人の幸福について考えていました。

しかし、私たちは日常生活の中で自分ひとりだけの幸福を考えて生きているわけではありません。たとえば、家族や恋人、友人の幸福は私たちにとっても重要な問題ですし、地域の人々や国民全体、あるいは世界の人々の幸福も私に関係ないわけではないのです。「私が幸福である」ということと、「皆が幸福である」ということにはどのような違いがあるのでしょうか？

私が幸福であるかどうかは、自分のことだけを考えればわかります。しかし、ある集団の全員が幸福であるかどうかを知ることはなかなか難しいことです。社会や国家は個人の集まりでできていますが、全員が等しく幸せであるような社会はたぶん存在しないでしょう。

では、集団の幸せはないのか、というとそんなことはないでしょう。でもそれは、個人の幸せの単なる合計ではないようです。

一体、幸福とは個人的なものなのか、それとも集団的なものでもありえるのでしょうか？

まず、幸福を個人の問題だと考える立場を見ておきましょう。

カント

## 幸福は個人のもの

カントは『人倫の形而上学』という本や「理論と実践」という論文の中でこの問題を扱っています。

私たちが幸福になるためには、平和に生きることが不可欠です。そのためには、法によって治められた国家（法治国家）のもとで暮らした方がよいでしょう。私たちは法のもとで自由と平等、そして安全を保証されるのです。そのなかで私たちは幸福を追い求めることができるのです。

しかし、もし、国家が国民のことを考えるあまりに、国民の幸福を国家によって決めようとしたら何が起こるのでしょうか？

まるで父親のようにふるまう国家（父権的国家とカントは呼んでいます）が、国民を子供扱いし、何が幸福で何がそうでないかを自分たちに決めさせない事態をカントは想像します。

幸福の基準を国家が決めることによって、かえって私たちは幸福から遠ざかるのではないでしょうか。こうした国家は最悪の専制国家だとカントは言います。

もちろんこれは極端な例ですが、カントは幸福を追求するのは個々人の自由に任されるべきであり、国家や社会が決めるべきではないとの立場をとっています。

ルソー

## 孤独こそが幸福だ！

18世紀フランスの思想家ルソーも、『孤独な散歩者の夢想』の中で、幸福をきわめて個人的なものとして考えています。

若い時に過ごしたスイスの湖に浮かぶ小島での生活を彼は人生でもっとも幸福な時間として思い起こしています。

なぜルソーは幸福だったのでしょうか？

それは「無為の時間」のおかげでした。彼は「ただひたすら、暇に身をゆだね、必要なこと、楽しいことに時間を使った」のです。しかも島の生活は孤独でした。しかし孤独は悪いものではありません。むしろルソーは、できることならずっと社会から遠ざかり、他人の存在を忘れ、他人からも忘れられたいと願ったのです。

もちろん、彼の生活はまったくの孤独ではありませんでした。島の管理人と（使用人がわりの！）妻がいました。とはいえ、彼の気持ちの上ではまるでまったくの孤独のなかで過ごしているようなものだったのです。

そんな幸福な時間を振り返って、彼は幸福とは何だろうと考えます。

それは強烈な快楽や激しい喜びによってもたらされるのではなく、ゆっくりと流れる単純な時間のなかでのみ到達できるものなのです。それは「ただ現在だけがあり、その持続性も継続性も感じさせず、欠落も充足も、喜びも苦しみも、欲望も不安も感じず、ただ感じるのは自分の存在だけ、しかも、その存在感だけで自分が満たされる状態」なのです。

そうした幸福をルソーは「充足した幸福」と呼んでいます。

そこで必要なのは、自分の外にあるものではなく、自分自身の存在だけなのです。孤独は幸福である、とルソーはここで考えているわけです。

サン＝ジュスト

## 幸福とは新しい観念である

これに対して、幸福は集団的なものであるという考え方を見ておきましょう。

フランス革命の立役者のひとりであるサン＝ジュストは、幸福について印象的な言葉を1794年に残しています。「幸福とはヨーロッパにおいては新しい観念である」という彼の言葉は、アリストテレス以来ヨーロッパで幸福の問題が考えられてきたことを思えば奇妙に響くかもしれません。

しかしそこに含まれているのは、これまで一部のエリートの特権だった幸福の追求を、万人に開かれたものにしようという意志です。フランス革命という歴史的事件は、誰もが幸福を望むことができる社会を作ろうという理想を生み出したのです。

こうして幸福は万人の問題になりました。

ベンサム

# 最大多数の最大幸福

功利主義者たちも幸福は個人の問題であるだけでなく、社会の問題でもあると考えました。快楽主義のところでも触れたベンサムはその代表者の一人です。彼は社会全体により多くの幸福をもたらすためにはどうしたらいいかを考えました。快楽計算はその方法のひとつです。

ベンサムは、人々の幸福を増大させる行為を善とし、逆に幸福を減少させる行為を悪とします。

この決まりを彼は功利性の原理と呼びました。この原理は個人だけでなく政府の政策にも当てはまります。政府は社会の利益を最大にするような行為を選択しなければなりません。社会の利益とは社会のメンバーの利益の合計です。ですから、できるだけ多くの人ができるだけ多くの利益を得ることが、幸福であるということなのです。

このことを彼は「最大多数の最大幸福」という言葉で表現しています。

このように、社会全体の幸福を考えるのが功利主義の立場です。

ヒューム

# 他者への共感としての幸福

18世紀に活躍したスコットランド人哲学者のヒュームもまた、幸福とは単に個人的なものではないと考えています。

このことについて、彼は著書『人間本性論』で説明しています。たとえば、自然のすべてを思うままに操ることのできる力を持った人間がいたとします。太陽も水も大地も彼の思い通りに動き、必要なものを与えてくれるのです。何不自由ない生活ですが、果たしてこの人は幸福でしょうか？

ヒュームによれば、この人は惨めなのです。なぜなら、この人は幸福を分かちあい、敬意と友情をはぐくめる他者を持たないからです。

ヒュームにとって幸福とは他者との関係のなかに生まれるものです。特に彼が重視するのが共感の働きです。私たちが他人の幸福や不幸を見て快や不快を感じるのは、他人の境遇に私たちが共感しているからです。

そうした共感は家族や友人との間に生じるだけでなく、見知らぬ人との間にも成り立ちます。私たちは他人の幸福や不幸のなかに、自分が経験するかもしれない幸福や不幸を重ね合わせるのです。たとえば悲惨な事故のニュースに接した時に、私たちは被害者やその家族に自分自身や家族を重ね合わせてみることでしょう。こうした共感の働きは社会の至るところに存在しているのです。

共感はまた、他者の幸福や不幸を実現しようとする動機でもあります。

ヒュームによれば、善意とは愛に伴う欲望であり、それは愛する人の幸福を求める力です。そして、怒りとは憎しみに伴う欲望であり、憎んでいる人の不幸を求めます。

視点を変えれば、私が幸福になれるのは、ただ私一人の努力によるものではなく、私を愛してくれる他者のおかげであるのかもしれないのです。

そしてまた、私が幸福を強く感じるのは、他者に共感した時だけではなく、他者の不幸を目にした時でもあるのです。他者の不幸のイメージが、自分の幸福をより生き生きと実感させてくれるのです。

つまりヒュームに従うなら、幸福になるにも不幸になるにも、人は孤独ではいられないということです。

## 幸福は人生の目的か？　――カントの義務論

これまで、幸福のさまざまな定義やその対象（個人か？　集団か？）を見てきました。いろいろな考え方があって混乱したかもしれませんが、どの考え方も幸福が道徳の目的だという幸福主義に立っていました。つまり、幸福になることが道徳的に「よい」ことであり、幸福こそが人生の目的だという立場です。

しかし、こうした幸福主義の考え方に哲学者みんなが賛成しているわけではありません。人生の目的は幸福になることなのだろうか、と考えた哲学者もいます。

その代表がカントです。ここでは、カントの義務論と呼ばれる倫理学の立場について簡単に見ておきましょう。

### 道徳の目的は幸福ではなく義務である

幸福主義の立場をとった哲学者たちと違って、カントにとって道徳の目的は幸福ではありません。幸福になることは道徳的に「よい」ことではないと彼は考えるのです。

なぜでしょうか？

カントは『道徳形而上学の基礎づけ』という著作の中で、「あらゆる希望は幸福を目指す」と述べています。人間が望むものは結局のところ幸福だということです。

しかし、この人間の本性は道徳的な善とは関係ありません。幸福主義の立場に立つアリストテレスやスピノザが、幸福を善と考えたこととの違いがここにあります。

カントにとって、道徳的であることとは、幸福という結果を得ることではなく、善い意志を持ち、それに従って行動することです。

善い意志は人間に何を命じるのでしょうか?

それは、道徳的義務に従うことです。カントにとっての道徳的義務とは、理性によって導き出された普遍的な法則であり、いついかなる場合も、すべての人間が従わなければならない命令です。

この命令のことを、カントは「定言命法」と呼んでいます。

では、どのようなものが道徳的義務なのでしょうか?

道徳的義務は誰もが従うものです。ですから、ある行為を行う時に、それを他人も同じように行うと想定して問題のないものが道徳的義務となります。自分の利益のために、他人を出し抜くような行為をすることは道徳的義務に反するということです。

このことをカントは「あなたの規則が普遍的な法則になりうる場合にのみ、その規則に従って行為せよ」と述べています。道徳的義務は普遍的でなければならないということです。たとえば、「嘘をつくな」という命令は道徳的義務です。この義務をいついかなる場合も無条件に果たす意志をもち、行動することによって、道徳的に善い人間となるわけです。

## では、幸福とは何なのか？

カントにとって幸福はどのような意味を持っているのでしょうか？

幸福は道徳的目的ではありません。

なぜなら、何を幸福と考えるかは人によって違うからです。そして人間は多くの場合、何が自分に幸福をもたらすかをはっきりと知ることはできません。理性によって知られる道徳法則との、そこが大きな違いです。

カントは「幸福は理性の理想ではなく、想像力の理想である」と述べています。普遍的な理性と違い、個々人で異なる想像力がそれぞれの仕方で思い描くのが幸福であるということです。

それでも、人間が幸福を望むことは悪いことではありません。しかしカントはそこに一つの条件をつけます。「汝が幸福になるに値することをなせ」という命令です。つまり、道徳的義務を果たして行動するのであれば、その行動にふさわしい形で幸福になることを希望してもよい、ということです。もちろん、これは必ず幸福になれることを意味するものではありません。

カントにとっては道徳的に善い生き方が第一の目標であって、幸福はそれに付随するものなのです。

**もし幸福が存在しなければ、あるいはそんなに大事でなければ……**

幸福主義と義務論は、このように幸福について対照的な考えを持っています。

しかし、どちらも幸福が存在するということは認めています。

でも、もし幸福が存在しないとしたらどうなのでしょうか？　あるいは、存在するにしても、それほど重要でないとしたら？　幸福でも義務でもない、違う人生の目的が私たちにはあるのでしょうか？

ここでは、幸福を疑い、幸福以外の生きる目的を考えた哲学者たちを見ていきましょう。

デカルト

# 幸福と真理のどちらが大事か?

デカルトはある書簡の中で、幸福であることと、真理を知ることとどちらがよいのかと考えています。

幸福であれば人間は楽しく満ち足りた気持ちで過ごすことができます。しかし、その幸福が本当にすぐれたものであるか、よいものであるかを思慮深く検討することで、人間は自分自身の境遇が実際にはどのようなものかを正しく知ることができます。

自分が持ち合わせているものと持ち合わせていないものを知ること、それは真理を手にすることですが、それによって人間は気持ちが沈んでしまうこともあるでしょう。

誰でも自分の手が届かないものの存在を知ることは気持ちのよいものではありません。

しかしそれでもデカルトは、不利益な真理であっても知ることの方がよほど値打ちがあると考えます。

人間の精神がもっとも満足するのは、心が浮き立っている瞬間ではなく、より多くの真理を手にしている時なのです。その時むしろ心は落ち着いています。

笑いをともなう喜びは、「偽りの想像」であって、それによって得られる快楽も一時的で表面的なものにすぎないのです。

幸福はそれ自体が目的なのではなく、むしろ真理を知ることとの結果として訪れるとデカルトは考えるのです。

パスカル

## 人間は不幸から逃れて生きている

17世紀フランスの哲学者パスカルにとって、幸福とは逆説的なものです。

人間は、多くの場合悲惨な境遇にあり、無知で、いつかは必ず死んでしまう不幸な存在です。そんな不幸な人間がどうすれば幸せになれるのでしょうか。もし死ななければ、人間の悩みの多くは解決するかもしれません。しかしそれはもちろん不可能です。

パスカルは、人間は自分の弱さや死から目をそらすことによって幸福になろうとすると考えます。人間が不幸から目をそらすために行うあらゆる活動を、彼は「気晴らし」と呼びます。遊びであれ、仕事であれ、自分という存在のみじめさを見ないですませてくれるものが「気晴らし」なのです。

たとえばあらゆる権力や富を手に入れた国王でさえも、自分の不幸な運命を考えるとどうしようもなくみじめな思いに駆られることになります。それを忘れるためには、ありとあらゆる手段を使って不幸のことを忘れる以外にないのです。気晴らしでは目的に到達することは重要ではありません。むしろ、目的の達成は、再び自分の不幸を意識するきっかけになってしまうのです。

「人々が獲物より狩猟を好む理由はここにある」とパスカルは言います。

狩猟は獲物を仕留めてしまえば終わってしまいますが、獲物を仕留めそこなえばいつまでも続くのです。

人間の生とは終わりのない気晴らしであると言えるでしょう。

パスカルにとっては、休息とは気晴らしの不在であり、苦痛にすぎないのです。しかしまた、「気晴らしは時間をつぶさせ、知らず知らず死に至らせる」ものです。気晴らしを続ける人生も不幸であることに変わりありません。

人間はこれほどまでに不幸な存在であり、幸福とは不幸を直視しないことで手に入るものでしかないのです。

## 幸福は幻影である

ショーペンハウアー

19世紀ドイツの哲学者ショーペンハウアーもまた、パスカルと同じように幸福を消極的な状態として理解しています。

彼は、『意志と表象としての世界』という本の中で、幸福とは苦痛の否定にすぎず、永続する状態でもなければ人間が目指すべき理想でもないと断言しています。彼によれば、生とは苦悩にほかならないのです。

幸福とは、何らかの願望を満足させる時に生まれるものですが、願望が生まれるためには何かが不足していないといけません。

たとえば食物の不足は食べたいという願望を生み出します。それによって初めて、食欲を満たすことができるのです。幸福とはすべて、こうした欠如や困窮からの解放にすぎないとショーペンハウアーは言います。しかも苦痛の解放によって得られる満足は一時的なものです。人間は苦痛から解放された時には喜びを覚えますが、その喜びは長続きしません。苦痛がないことに人間は退屈し始めるか、あるいは新たな不足を発見し、それを苦痛に感じ始めるのです。

結局のところ、あらゆる幸福はその場しのぎの消極的なものにすぎません。ショーペンハウアーにとっては、幸福を追い求める人々は、せいぜい生の瞬間を満たすことができるだけのものを永続的なものであると誤って信じこんでいるのです。幸福とは実際には幻影にすぎません。

ニーチェ

## 生の目的は幸福ではなく力の増大である

ショーペンハウアーと同じく19世紀ドイツで活躍したニーチェもまた、幸福が生の目的であるという考え方を批判しています。

人間は幸福になるために努力するとか、快楽を求めるというのは欺瞞《ぎまん》であると彼は言います。人間に限らずあらゆる生きる個体に共通することは、自分自身をより大きく強く成長させるという意志に他ならないのです。

ニーチェにとって、生とは力を獲得しようとする執念、「力への意志」なのです。

そして自己を拡張するという運動は、それを押しとどめようとする障害を打ち破ることです。そうした抵抗や障害は本質的に不快なものです。しかし、「力への意志」に突き動かされる生は、そうした不快なものをむしろ積極的に探し求めていくのです。

生の目的とは幸福でも快楽でもありません。

それは力の増大であるとニーチェは断言しているのです。

まとめ

# 人間は幸福を求めずにはいられない

ここまで、幸福についてのさまざまな考え方を見てきました。幸福に対する立場の違いを乗り越えてひとつの結論を出すことは難しいでしょう。しかし、少なくともひとつのことは言えると思います。幸福の探求は、それが実現可能であるか不可能であるかにかかわらず、非常に人間的な行為であるということです。私たちは幸福に時には幻滅しつつも、それを追い求めないではいられない存在なのではないでしょうか？

幸福について考えることは、人間について考えることそのものなのです。

次の章では、幸福についての具体的な問題をバカロレア哲学試験の実際の問題を題材にして考えていきましょう。

Chapitre

# 4

# 現代人の幸福に関する悩みを考えてみる

この章では、私たちが抱えている幸福に関する悩みを、バカロレア哲学試験で実際に出題された問題を使って考えてみます。

第2章で見た解答の方法と、第3章で見た幸福に関するさまざまな考え方が、幸福についての悩みにどのような見通しを与えてくれるでしょうか。

考えるプロセスをわかりやすくするために、この章では教授と学生の対話形式で進めていきます。

## 「卑怯だろうが卑劣だろうが、幸福になれれば勝ちなのか？」

### 自分の幸福に貪欲であれ？

**学生**　先生！　幸せって何でしょうね？

**教授**　いきなりどうしたの？　何があったの？

**学生**　自分もそこそこ幸せだと思っていたんですが、周りのリア充仲間を見ていると、自分の幸せって小さいものだなあと思えてきて……。

**教授**　ネガティブだなあ。でも勉強もバイトも充実しているみたいだし、それでいいんじゃないの？

**学生**　そうですかね……。でも、ある友達の話なんですが、授業に出ないで僕のノートをコピーして僕よりいい成績を取ったり、急病だからってバイトのシフトを代わってあげたら実は彼女とデートだったり、そのくせ人望はあるんですよ。

**教授**　その人本当に友達なのか疑問だけど、自分の幸せのためなら貪欲な人だねえ。

学生　そうなんです。でもそれって正しいことなのかなって考えたりもしちゃいます。

教授　確かに割り切れない気分にはなるね。それはさておき、君にぴったりのバカロレア哲学試験の問題があるよ。２０１４年に出題された「幸せになるためにあらゆることをしなければならないのだろうか？」という問題なんだけど、一緒に考えてみようか。

学生　お願いします。

**幸せになるために悪いことをしてもいいのだろうか**

教授　問題を見て最初にすることは何だったっけ？

学生　えっと、問題の分析ですよね（54ページ参照）。

教授　そう。その中でも特に、中心となるテーマを見分けることだね。中心テーマは何かな？

学生　これは簡単です。「幸福」ですね。

教授　そう。そして問いかけの形は、「〜なければならない」だから、「〜すべきか」のバリエーションだね（58ページ参照）。道徳的義務としてそれを行うか、そうでないにしてもしなければならないことなのかが問題ということだ。

**学生** しかも「あらゆること」だから、何としても幸せになるぞ！　という気持ちが出ていますねえ。

**教授** 言いたいことはわかるけど、「あらゆる」についてもう少し考えてみようか。たとえば、倫理的によくないこととか、法に触れることも「あらゆる」に含まれるんだろうか。

**学生** 含まれないとすると、そこでどういう線引きをするかが気になりますね。法律で禁止されたこともやっていいのかとか、法に触れてはいないけど倫理的にダメなことはしてもいいのか、とか。

**教授** 確かにそうだね。言い換えると、幸せになるために悪いことをしてもいいか、ということかな。

**学生** バレなければいいのか、それともよくないのか、ということですね。

**教授** 発覚するかどうかは別にして、悪と幸福を結び付けてもいいのか、という問題があるね。

**学生** 悪いことをして幸せになっても本当の幸せとは思えないなあ……。

**教授** じゃあ、その印象をどうやって議論していくかを考えてみよう。問題に対して少なくとも二つの答えが考えられるよね。

**学生** えっと、最初が「幸せになるためにあらゆることをすべきである」です。そしてもう一つが「幸せになるためにあらゆることをすべきでない」かな？

**教授** そう言ってしまうと、「幸せになるための努力は一切するな」って意味にとられそうだね。もう少し違う言い方を考えてみようか。

**学生** すべき努力とそうでない努力があるってことだから、「幸せになるためにあらゆることをする必要はない」とか「幸せになりたいからといって、あらゆることをしてはならない」とか、そういう感じでしょうか。

**教授** そうだね、幸せになるための努力にも、法や道徳によって許されないものや、不必要なものがあることがはっきりとわかるからそれでいいと思うよ。

## 幸福に関する様々な問い

**学生** 次に、問題を言い換えていくつかの問いを作り出すんでしたね（63ページ参照）。まず、幸福とは何か？　それから、どのようにすればわれわれは幸福になれるのか？

「幸福になるために」ということは、幸福は人生の目的なのか？　とかそんな感じでしょうか。

**教授**　いい調子だね。付け加えると、なぜ幸福にならないといけないのか？　とか仮に幸福が人生の目的でないなら、われわれの生きる目的とは何か？　とかもいいんじゃないかな。

**学生**　それから、幸福になるための努力がいいものか悪いものかについても問いかければいいですよね。

**教授**　その通り！

**学生**　われわれが幸福になるために行う努力には、法や道徳によって許されるものとそうでないものがあるのではないだろうか？　なんてどうでしょう？

**教授**　いいと思うよ。問いは出揃っているから、どれを選んでどれを捨てるか、選んだものをどう並べるかを考えればいいね。

**学生**　まず、幸福とは何か？　という定義が必要ですね。それから、どのようにすればわれわれは幸福になれるのか？　も重要だと思います。それから、幸福になるための努力にいいものと悪いものがあるということですね。

**教授** それから、人生の目的は本当に幸福なのか？　についても考えるといいかもね。

**学生** 展開部分なんですが、僕としてはまず「幸福になるためにあらゆることをすべきである」、次に「幸福になるためにあらゆることをする必要はない」を論じたいと思います。

**教授** 第三の選択肢は必要ない？

**学生** あってもいいのかなあ。たとえば、二つ目の選択肢の最後で、もし幸福が人生の目的でないなら、という問いかけをすれば、幸福以外の人生の目的について考えることができますよね。

**教授** いい考えだと思うよ。ということは、展開部は三つになるね。①「はい」②「いいえ」③「どちらでもない」ということだね。

## まずは幸福の定義から

**教授** では、導入の構成に戻ってみようか。

**学生** 何をすればいいんでしたっけ？

**教授** 問題群は作れているから、スタートの部分だね。まず幸福の定義をはっきりしないといけない。

**学生**　幸福の定義ですね。やっぱりアリストテレスかなあ。幸福主義の代表格ですし。

**教授**　ショーペンハウアーを持ちだして幸福は幻影にすぎない！　とか言われたらどうしようかと思ったけど、アリストテレスでいいんじゃないかな。アリストテレスは幸福を最高善だと考えているけど、この問題では幸福と善のつながりが問題になるから、その矛盾を引き立たせるためにはいいと思うよ。

**学生**　じゃあ導入部分はこんな感じでしょうか。

---

**導入**

**1.** アリストテレスによれば、幸福とはわれわれが目指すべき最高善である。

**2.** とはいえ、幸福になるための手段はさまざまであり、時として法や道徳に背く不当な行為が幸せになるために行われる。

**3.** 幸福とは徳のある人生にのみ訪れるものであるとすれば、手段を選ばず幸福になることは許されるのだろうか？

4. 幸福とは結局のところ何なのだろうか？　なぜわれわれは幸福を目指すのだろうか？　仮に幸福を目指す必要がないのなら、われわれは何を目的として生きているのだろうか？

5. われわれは幸せになるためにあらゆることをしなければならないのだろうか？

教授　問題群を並べた後に、最初の問題を提示するというスタイルはとてもいいね。いろいろな問いは結局最初の問題に答えるためのステップだから、その関係をはっきり示さないといけないしね。

## アリストテレスをスピノザで補う

学生　次は展開部分ですよね。「幸せになるためにあらゆることをすべきである」という立場と「幸せになるためにあらゆることをする必要はない」という立場のそれぞれに論拠を探して、それを結び付けていくような議論をすればいいんですよね？

教授　その通り。最低でもそれぞれに3つぐらいの視点の違った論拠があればいいんじゃないかな。

**学生**　まず、「幸せになるためにあらゆることをすべきである」という立場ですが、やはりアリストテレスは外せないと思います。

**教授**　ただし、アリストテレスによれば幸福とは善であるのだから、そこから外れた行為というのは認めがたいんじゃないだろうか。

**学生**　そうですね。アリストテレスによれば徳こそが幸福であり善であるということだから、その弱点を補強してくれるような論拠が必要ですね。

**教授**　たとえばどんなものがあるだろう？

**学生**　スピノザの主張は使えませんか？　彼にとっての幸福とは自己が存在し続けるための努力ですよね。欲望の充足はそのための努力で、自己を存続させるからこそその努力は善なわけですから、そのためには手段を選ばないと言ってもいいのではないでしょうか。

**教授**　そうだね。スピノザも最終的には神の認識へとたどり着くことが至福であると言うんだけど、スピノザの思想全体に忠実である必要はなくて、幸福と欲望の関係について議論を抜き出して使うことは問題ないと思うよ。哲学小論文で大事なのは、哲学者の思想全体の理解というよりは、局面ごとに彼らが使っている論の運び方を使いこなすことだからね。

**学生**　これで幸福イコール善という立場と欲望イコール善という立場が出てくるわけですね。スピノザの幸福主義を「あらゆることをすべきである」と読み替えるわけですね。

**教授**　うん。倫理も結局そこから生まれるということだから、幸福になるために悪をなすということがありえない、と議論できるよね。

## 「持ち上げてから落とす」テクニック

**学生**　欲望の充足が善ということですから、これは快楽主義とも共通する見方ですよね。

**教授**　次に快楽主義について触れると流れがスムーズだね。

**学生**　でも、快楽主義はあらゆる欲望を満たすことが善いとは必ずしも言い切ってないですよね。

**教授**　そうだよね。たとえばエピクロスは快楽を慎重に吟味しなければならないと説いているね。その意味では、「幸福になるためにあらゆることをする」というよりは

**学生**　「幸福になるために必要なあらゆる欲望を満たす」ことを目指しているよね。ということは、単に「あらゆることをする」のではなく、必要な欲望と不必要な欲望をまず見極めて、必要な欲望だけを満たしましょうということですから、「幸福になるためにあらゆることをすべきである」という立場とは違ってきますね。

**教授**　そうだね。快楽主義であっても、あらゆることをすべきだとは断言していないということだから、結局「あらゆることをすべきだ」という立場は完全に支持できないのではないかと思えるよね。そうやって最初の主張の不安定さを明らかにした上で、展開の次の部分に移ればわかりやすいよね。

**学生**　最初の立場を持ち上げてから落とすということですね。

**教授**　落としたところでその反対の立場を持ち上げると効果的だね。

**学生**　なるほど、自分の主張だけを持ち上げるより、コントラストがはっきりしますね。

**教授**　そう。だから反対意見をしっかり検討するというのはすごく大事なんだよね。そして、その主張にわざとつっこみどころを残しておくことも。

**学生**　周到に計算するわけですね。展開①の部分はこんな感じでしょうか。

## 展開❶「幸せになるためにあらゆることをすべきである」

1. アリストテレスによれば、幸福とは最高善であり、われわれが目指すべきものである。
2. しかし、幸福に至る手段は多様であり、人はあらゆる手段で幸福を目指そうとする。
3. 幸福を目指す過程において、法や道徳に背く場合も考えられる。
4. 悪を行うことで幸福を行うということは矛盾しているのではないか？
5. しかし、スピノザによれば、自己の存続こそが幸福であり、そのためのあらゆる努力が善である。つまり、自己の存続という幸福のためには、あらゆることをすべきであるということである。
6. 快楽の充足こそを幸福であると考える快楽主義の立場も、快楽と幸福を同一視する点で幸福のためにあらゆることをすべきであると主張しているように思われる。たとえば、『ゴルギアス』におけるカリクレスの立場は極端な快楽主義であると言えるだろう。

7. しかし、同じく快楽主義の立場をとるエピクロスは、あらゆる欲望を満たして快楽を得るのではなく、「身体の健康と心の平静」に役立つ欲望のみを充足させることを説いた。

8. つまり、エピクロスによれば、幸福のためには欲望の選択が必要であり、それは「あらゆることをする」こととは決定的に異なるのである。

9. このように幸福が欲望の選別を前提とするのなら、われわれは幸福になるためにあらゆることをする必要はないのではないだろうか？

---

**教授** スピノザと快楽主義の立場で考えると、実は幸福になるためにあらゆることをする必要はないんじゃないかという疑問が生まれてきて、それを次の部分で考えます、ということなのでわかりやすいと思うよ。

## 欲望と理性

**学生** 次の部分の「幸せになるためにあらゆることをする必要はない」ですが、欲望のコントロールという問題から考えるのがいいかなと思っています。

**教授** たとえばプラトンなんかがいいかもね。

**学生** プラトンは理性が欲望をコントロールすると言っていましたよね。欲望を無制限に満たすのではなく、理性が欲望を抑えることが大事なんですよね。

**教授** その通り。プラトンはたとえば『国家』の第4巻でそうした議論をしているね。人間の魂には理知と気概と欲望という3つの部分があって、理知、つまり理性が他の2つの部分を従えることが正しい人間には必要だ、と彼は言っている。

**学生** ということは、プラトンにとっては幸福になるためにあらゆることをするのは欲望の奴隷になっているということになりますね。

**教授** そうだね。理性によって欲望はコントロールされないといけないということだね。

**学生** それを推し進めると、ストア派のような議論になりますよね。

**教授** 自分の力の及ばないものはすべてあきらめ、最低限の欲望だけを満たせということだから極端ではあるけどね。

**学生** 彼らは世界をありのままに受け入れろとまで言っていますから、極端ですね。でも、ストア派は幸福の存在自体は認めていますから、まだ過激ではないと思います。

**教授** というと？

**学生** ショーペンハウアーのような、幸福なんて存在しないという立場はもっと過激ですよね。

**教授** 確かにショーペンハウアーならあらゆることをする必要はないと言うだろうね。だって幸福なんて存在しないんだから。

**学生** そうなんです。

## 幸福のための努力は無駄!?

**教授** するとこの部分の構成はどうなるかな？　順番に説明してくれるかな？

**学生** まず、プラトンですよね。欲望の選別は理性によって行われるべきであるという立場です。

**教授** なるほど。エピクロスの主張する欲望の選別とは理性による選択に他ならないというわけだね。

**学生** そうです。そしてストア派ですね。ストア派の欲望に対する考え方はプラトンよりもさらに厳しいと思います。

**教授**　自分の思い通りにならないことはすべてあきらめろ、だからね。

**学生**　あきらめるということは、「あらゆることをする必要がない」ことのひとつの表現だと思います。

**教授**　ほぼ「何もするな」に近い立場だけどね。

**学生**　でもストア派は幸福の存在を認めているわけです。じゃあもし幸福なんて存在しないと考える人たちにこの問題をぶつけるとどうなるでしょう？　絶対「幸福になるためにあらゆることをする必要はない」と言うと思います。その例としてショーペンハウアーは効果的だと思います。彼はストア派とは違う根拠で幸福のためのがむしゃらな努力を否定するわけです。そこで終わってもいいかなと思いますけど、どうでしょうか？

**教授**　それなら投げっぱなしになっちゃうよね。あらゆることをする必要はない、と言われても、じゃあ何をすればいいんだ、どうやって生きればいいんだ、という問いが残るわけだから、そこにある程度答える方が構成としてまとまっているんじゃないかな。

学生　やっぱりそうですね。幸福はない、で終わるとおさまりが悪いですね。

教授　それなら、幸福があるかないかわからないなら、人生の目的は何か、ということ、そしてなぜ幸福が人生の目的になりえないかを論じて終わるのがいいんじゃないかな。

学生　第三の部分を作るということですね。

教授　そう。それならどういう論拠があるかな。

学生　やっぱりカントでしょうか。幸福ではない道徳の目的があると主張しているわけですから。

教授　そうだね、でもまず展開②をまとめておこうか。

学生　はい。

---

### 展開❷「幸せになるためにあらゆることをする必要はない」

1. プラトンは『国家』において、人間の魂には理知、気概、欲望という三つの部分があり、理知と気概によって欲望を統御することが望ましいと主張した。

2. 理性による欲望の統御によってわれわれは、幸せになるためにあらゆる欲望を満たすことを拒絶する。

3. ストア派はこうした欲望の拒絶を極限にまで推し進めた。彼らにとっては、自分の力の及ぶ範囲の自然的な欲望を最低限満たすことが心の平安にとって重要である。つまり、あらゆる手段による幸福の追求を彼らは認めない。

4. しかし、ストア派でさえも幸福の存在は認めている。これに対して、ショーペンハウアーは幸福とは欲望のかりそめの充足に過ぎず、永続的な幸福とは幻影にすぎないと主張している。

5. もしショーペンハウアーの言うように幸福が存在しないとしたら、われわれの生の目的は何なのだろうか？

6. あるいは、幸福が存在するとしても、それは最も重要な生の目的ではないのだろうか？

7. われわれはいったい何のために生きているのだろうか？

学生　先生、ここで終わったらすごく投げっぱなしですね。

教授　もちろん、結論の直前のパートを問いかけで終えることはないんだけど、尻切れトンボだね。

## 「人生の目的」を考える第三の展開

学生　さて、カントですよね。ショーペンハウアーが幸福はないって言ってしまっていますけど、カントは「幸福はあるよ、でも道徳の目的ではないよ」と言ってるので、ショーペンハウアーの過激路線から少し修正しないといけないですね。

教授　展開②の6が「幸福が存在するとしても」という条件を付けているから、軌道修正はしやすいよね。

学生　そう思って付け加えてみたんです。カントにとっては幸福は理性の理想ではなく、想像力の理想ですよね。だから、幸福は存在するんだけど、それは人によって異なるから、これが幸福だ！　という普遍的な定義はできないし、そんなものを道徳の目的にはできない、ということですよね。

教授　そうだね。ではカントにとって道徳の目的が何かというと……。

学生　義務を果たすことですね。われわれにとって善い生き方とは、理性が打ち立てた普遍的な道徳法則に従って生きることである、と。そして幸福はそうした善い生き方をしている時にだけ望んでもいいものであるとカントは言っていますね。

教授　その通り。だから、人は幸福になるために生きているのではないし、そのためにあらゆることをしてはいけないということだね。法や道徳にそむく行為なんかはもってのほか、というわけだ。

学生　それからもう一つ、真理の探究こそが生きる目的だというデカルトの立場にも言及したいと思います。

教授　なるほど、幸福は義務だけでなく真理の探究とも対立することを示しておくんだね。それはいいと思うよ。じゃあ展開③はどんな感じになるかな?

学生　まとめてみます。

---

展開❸「人生の目的は幸福の追求ではない」

1. カントは幸福が各人によって異なる「想像力の理想」であるために、あらゆる人に共通の目的にはなりえないことを主張した。

2. カントにとって善い生き方とは、理性が導き出した道徳法則にいついかなる時も従って生きることである。

3. 幸福になることは禁じられていないが、幸福を望むことができるのは、人が幸福になるに値するよう行動する場合に限られる。

4. つまり、幸福のためにあらゆることをするのは許されない。

5. さらにデカルトは、真理の探究と幸福の両者を比較し、真理の探究が幸福の実現を妨げるとしても、真理の方により大きな価値を認めている。その意味では、幸福は真理の探究よりも重要ではないのである。

6. このように、幸福は道徳的義務や真理の探究のような目的の前では、何をおいても目指すべきものであるということはできない。

**教授** なるほど。幸福以外にも人生の目的はあるのだから、幸福の実現のためだけに生きることはできない、ということだね。

**学生** そうですね。

**私たちは幸福のためだけに生きているわけではない**

**教授** じゃあ結論をまとめてみよう。

**学生** ここまでの議論の流れを振り返って、問題に答えればいいんですよね。言葉の繰り返しを避けて、簡潔に、ですね。

---

結論

1. 幸福は最高善であるのだから、われわれは何としてもそこに到達せねばならないように思える。
2. しかし、幸福の追求は時として法や道徳に背くものであるため、われわれは幸福のために何を行い、何を行うべきでないかを選別しなければならない。
3. そうした欲望の選別を行うのは理性である。われわれはある種の欲望を断念することで、幸福になることができるのだ。その意味で、幸福になるためにはあらゆることをする必要はない。

**4.** さらに、幸福だけが生きる目的であるわけではない。道徳的義務を果たすことや真理の探究の方が幸福よりも重要であるならば、幸福は何としても到達すべき目標ではなくなってしまう。

**5.** ゆえに、幸福になるためにあらゆることをする必要はない。

---

**教授** 結論は簡潔に、ということなので、展開部のすべての要素を盛り込めないこともあるね。この場合だとショーペンハウアーの部分がごっそり抜け落ちているけれど、議論の流れはわかるのでそれでもいいと思うよ。構成案の段階では省略して、小論文を書くときに入れるというのも一つのやり方だけど。

**学生** すべて書いてしまうと要約として長いかなと思ったので、こういう形にしました。

**教授** さて、これで問題には答えたわけだけど、君の悩みはどうなったかな?

**学生**　周りの人が幸せになるためにあらゆることをしていたとしても、僕がそれに付き合う必要はありませんね。どちらかというと、満たすべき欲望とそうでないものをしっかり区別したいと思います。まずは友達付き合いから選別していきます！

**教授**　そういう教訓を得たわけか。間違いではないけれど、やりすぎないようにね。

**学生**　はい、頑張ります。

## 「孤独のなかで幸福でいられるのだろうか？」

### 現代人は繋がりすぎている？

**学生** 先生、今お暇ですね！

**教授** 断定するのか。まあいいけど、どうしたの？

**学生** 前回構成案を作った後に、いろいろ考えて交友関係をもう一度考え直しました。特にSNSなんかでつながっているのが面倒くさいなあと思って、すぱっとやめたりしてます。

**教授** 「SNS疲れ」って問題になっていたよね。確かに何でもかまわず「いいね！」しないといけない、とか、既読スルーがダメとか、いろんなルールがあって、気にしてるとキリがないよね。

**学生** そうなんです。で、今まで絶対必要だと思っていたSNSのつながりとか、バイト先の知り合いとか、大学の友達とかとちょっと距離を置いてみると、それも悪くないなと思いはじめました。気が付かないうちに他人とつながってないといけないと思い込んでいたのかなあ、と。

**教授** 「つながり欠乏恐怖」は確かにあるだろうね。でもだからといって全部すっぱり切ってしまっていいんだろうか。

**学生** 確かに完全に孤独で生きられるかというと自信はないです。

## 孤独とは何だろうか

**教授** では今日は孤独と幸福について考えてみようか。2011年出題の「孤独のなか幸福でいられるだろうか」という問題がうってつけだと思うよ。

**学生** まさに今の僕にぴったりですね！ ではまず問題の分析から！ 中心テーマは「幸福」ですね。

**教授** その通り。そしてもう一つ大事な概念が「孤独」だね。これをどう定義するかでその後の展開が変わってくるだろうね。後でじっくり考えてみよう。

**学生** はい。それから問いかけの形は「～は可能か」のバリエーションですね。ですから、孤独でありながら幸福でいるという状態の可能性が問われているということですね。

**教授** その通り。この問題で難しいところはどこだろう?

**学生** 幸福の定義はいろいろ見てきましたが、孤独をどう定義するか、ということでしょうね。

**教授** そうだね。孤独にもいろいろな意味が考えられるから、それを踏まえた上で定義しておかないと話がうまく進まないだろうね。まず、孤独は一般的に個人の状態だよね。もちろん集団とか社会が孤立していることを孤独と表現することもできるだろうけど。

**学生** たとえば洞窟に閉じ込められている人は孤独ですよね。

**教授** それは物理的な孤独だと言えるね。他にもいろいろな孤独が考えられるよね。

**学生** そうですね、人込みの中にいても孤独だと感じることはありますよね。物理的にはひとりではないけれども、心理的にはひとりきりで存在しているような。

**教授** それから、文化や言語、社会的地位などによって孤独を感じることもあるかもしれないね。他者とは異なる風習や言語で生活しているとか、社会的に特殊な地位にあるせいで他者から遠ざけられているとか。

**学生** 哲学科の学生とかですね。

**教授** それはそうかもしれない。まとめると、物理的、心理的、文化的、言語的、社会的のようないろいろなレベルの孤独が考えられるよね。もちろんこれは網羅しているわけじゃないけれども。

**学生** とにかく他者との関係がないということですね。

**教授** それに加えて、他者との関係が存在しないと信じている、ということも考えられるね。本人が孤独だと感じていたら、客観的な状態は別にして、主観的には孤独になるわけだから。

## 「地獄とは他人のことだ」

**学生** そして、幸福についても考えないといけないですね。「孤独のなかで幸福である」ということがどういうことか、ということですね。

**教授** 幸福は個人的なものであると考えるなら、孤独であっても幸福にはなれそうだよね。それに、サルトルが『出口なし』という戯曲で書いているんだけど、「地獄とは他人のことだ」と言いたくなることだってある。

**学生** 「地獄とは〇〇のことだ」ってすごく使い勝手がいいですね。「地獄とは孤独のことだ」とか「地獄とは平和のことだ」とか、なんとなく深い感じになりますよ。「地獄とは子猫のことだ」とかどうでしょうか。

**教授** 脱線はさておき、わずらわしい他者を避けるというのはひとつの幸福だろうね。

**学生** でも、集団的な幸福は孤独であっては手に入らないですよね。

**教授** 個人の幸福と集団の幸福という対立軸があるということだね。他にも考えることはあるかな。

**学生** そうですね。アリストテレスは観想的生活がもっとも幸福な生活だと言いましたが、たとえば政治的な名誉を求める人が孤独なら決して満たされないですよね。自分の幸福のために他者の存在が不可欠な場合もありますよね。

**教授** たとえば家族であったり、恋人であったり、友人であったり、そうした人の存在だね。

**学生** そうです。だから、孤独でいることで得られる幸福には限界があるんじゃないかと思うんです。

## 対立軸はひとつとは限らない

**教授** 個人の幸福という対立関係だけじゃなくて、一人だけで手に入れられる幸福と他者との関係で得られる幸福という対立関係もあるわけだね。

**学生** はい。ですから、展開部分は二つになると思います。「孤独のなかで幸福でいることができる」という部分で個人の幸福について議論して、「孤独のなかで幸福でいることはできない」という部分で、集団の幸福と他者がいることで得られる幸福について議論すればいいかな、と。

**教授** なるほど。ただ、個人の幸福と集団の幸福は単なる対立関係ではないよね。共存関係だったり補完関係であったりもするわけだ。ということは、孤独のなかでも幸福だし、他者といても幸福だということも考えられるよね。あるいは孤独のなかでは見出せない種類の幸福があるとか。

**学生** 確かにそうですね。ということは、単なる「はい」と「いいえ」ではないということですね。

**教授** 単純に肯定と否定にしても大丈夫だと思うけど、もう少し表現を考えた方がいいかもね。だからこれはちょっと応用問題なんだよね。実は君は自分で答えを出しているんだよ。孤独のなかの幸福には「限界」があるとさっき言っていたよね。

**学生** ええ、言いました。

**教授** 孤独のなかの幸福には限界があるということは、そのなかで到達不可能な種類の幸福がある、ということだよね。

**学生** その通りです。そのことを展開②で扱えばいいんですね。

**教授** そうだと思うよ。

**学生** ということは、①が「孤独のなかで幸福でいることはできる」で、②が「孤独のなかでの幸福には限界が存在する」ではどうでしょうか。

**教授** そうだね。それなら、孤独のなかの幸福は存在するということを認めていながら、それだけでは不十分だということがよくわかる表現になっているね。

**学生** ではそうします。でも、展開部分は二つより三つの方がおさまりがいい気はしますね。

**教授** でも、この問題であれば、孤独のなかで幸福を得ることにははっきり限界があると言えれば、その解決策を二つ目の部分で提示すれば問題は解決するから、二つでいいと思うよ。三つ目の部分を作っても蛇足になってしまえば意味がないしね。

学生　次に問題を複数の問いで言い換えるんでしたね。まず、幸福とは何か、そして孤独とはどういう状態か、という定義についての問いがありますよね。

教授　それから？

学生　孤独のなかでの幸福とはどのようなものか？　なぜ孤独のなかで幸福でいられるのか、あるいはいられないのか？　仮に孤独のなかで幸福でいられるとしても、そこには限界がないのだろうか？

教授　いい調子だね。

学生　あとは……孤独のなかでの幸福を考えることは、集団の幸福や他者が与えてくれる幸福を無視することではないか、なんていうのはどうでしょうか？

教授　すごくいいと思うよ。展開の構成を予告する問いになっているしね。

学生　というわけで、展開部分は二つで、最初が「孤独のなかで幸福でいることができる」、次が「孤独のなかでの幸福には限界が存在する」ということにしたいと思います。

## 孤独と幸福

**教授** それじゃあ導入の部分を考えていこうか。

**学生** はい。まず孤独と幸福の定義ですよね。孤独はさっきやりましたが、幸福はどう定義すればいいでしょうね？

**教授** そうだね、問題の内容によって使いやすい定義にしないといけないんだよね。ひとつの概念にはいろんな側面があるから、そのうちどこを強調するかでかなり違った定義ができるよね。

**学生** 欲望の充足としての幸福というのがよいかなと思います。個人の問題でもあるし、集団の問題でもありますし。それから欲望の選別の問題は、他者との関係を断ち切って生まれる孤独という状態では避けて通れませんし。

**教授** 確かに他者がいるからこそ成り立つ欲望を切り捨てないと孤独にはなれないものね。

**学生** そうなんです。定義の後で、孤独と幸福の関係について考えていこうかと思います。一般的に孤独は幸福の条件とは考えられないですよね。でも、孤独でも幸福である場合もあるんだ、ということをまず述べたいと思います。

**教授**　なるほど。それから？

**学生**　次に、それでもやはり孤独であることで手に入る幸福には限界があるのではないか、ということに触れようと思います。

**教授**　その二つの考え方は展開部分の二つの立場を反映しているわけだね。

**学生**　そうです。そしてさっき考えた問いを並べていけば導入部分は形になるのではないでしょうか。

**教授**　じゃあ実際に作ってみようか。

---

導入

1. 孤独とは、個人が物理的、心理的、文化的、社会的等の要因によって、他者とつながりを持たない状態、あるいはつながりがないと信じている状態である。

2. 幸福は、欲望の充足によって感じられる心の状態である。それは一時的なものでも、永続的なものでもありうるし、個人的なものでも集団的なものでもありうる。

3. 一般に孤独は幸福とは対立した状態であると考えられる。しかし、サルトルが「地獄とは他人のことだ」と述べているように、他者との関係がわれわれを不幸に陥らせることがあることを考えると、孤独のなかで幸福であることも可能だろう。

**4.** とはいえ、孤独のなかで実現できる幸福には限界がある。たとえば、孤独でいる限り、社会全体の幸福や他者との関係のなかでの幸福は実現することがない。

**5.** 孤独のなかで幸福でいられるとしたら、それはどのようなものだろうか？　そして、そのような幸福にはどのような限界があるのだろうか？　孤独のなかでの幸福を考えることは、集団の幸福や他者が与えてくれる幸福を無視することではないだろうか？

**6.** はたして、孤独のなかで幸福でいられるのだろうか？

---

## ルソーは本当に孤独だったのか

**教　授**　次に展開部分の論拠を考えていこう。まず、展開①の「孤独のなかで幸福でいられる」だけど、どういうものがあるかな？

**学　生**　孤独バンザイと言えば、ルソーは外せないと思います。『孤独な散歩者の夢想』でおひとりさまを満喫していますよね。あれは、孤独のなかの幸福のひとつの完成形だと思います。

**教授** 確かにそうだね。それから他には何があるだろう？

**学生** あとは欲望の充足という観点から、ストア派もいいのではないでしょうか。自分の力の及ばないものは断念するわけですから、彼らにとって孤独は一つの幸福の形だと思います。

**教授** なるほど。他にはどのようなものがあるかな？

**学生** カントはどうでしょうか？　彼は、幸福は個人的なもので普遍的な定義はないと考えていますよね。何が幸福かを決めるのは個々の人々であるから、孤独を幸福と考える人がいても不思議ではないわけです。

**教授** 確かに、孤独だと幸福ではいられない、という意見に対する反証にはなるかもね。ところで、この論拠をどうやって並べると一番わかりやすいだろう？　そして次の部分に移行することを考えると、どこかに「穴」があった方がいいよね。

**学生** そうですね。カント、ストア派、ルソーの順でどうでしょうか。カントは孤独で幸福である可能性は排除できないという消極的な定義です。そしてストア派は欲望の統御によって幸福に至るという、孤独をポジティヴなものと考えることのできる立場です。ルソーは孤独を満喫しきっています。でもそこに落とし穴があるんですね。

**教授** というと？

**学生** ルソーの孤独は主観的なものにすぎないということです。

**教授** 確かに管理人と奥さんが一緒に暮らしているものね。奥さんを使用人扱いなんて、今なら完全にモラハラでアウトだけど。

**学生** そうなんです。彼は他者の存在を見ないことにして満たされていると思うんですよ。ということは、ルソーの孤独は客観的には孤独じゃないんじゃないか、実は孤独のなかで幸福ではいられないんじゃないかと疑ってしまいますよね。

**教授** 確かに。他者の存在がルソーの幸福には必要じゃないかと反論できるね。

**学生** それに、他者がいないと手に入らない幸福もありますよね。さっきのアリストテレスの三つの生活の例では、名誉なんかは他者や社会があってこそ得られるものだと思います。

**教授** 孤独と幸福を結び付けて考えると、他者や社会のなかでの幸福が無視されてしまうということだね。

**学生**　つまり、確かに孤独のなかで幸福でいることはできるけど、それは幸福の一部であって、そこに孤独の限界があるんじゃないのかな、と思うんです。

**教授**　なるほど、説得力のある議論になっていると思うよ。じゃあそれをまとめてみようか。

**学生**　はい。

---

**展開❶「孤独のなかで幸福でいることができる」**

**1.** カントによれば、幸福の追求は個人の自由によって行われるものであり、国家や社会が幸福とは何かを決め、個人に強制するものではない。

**2.** つまり、幸福は主観的なものであるのだから、孤独のなかで幸福である可能性は排除されていない。

**3.** ストア派は、自分の力の及ばないものを欲することを断念することを主張している。世界の秩序を受け入れ、最低限の欲望を満たすことに専心するという、ストア派が勧める生き方は、まさに孤独のなかの幸福な生ではないだろうか。

4. ルソーもまた、『孤独な散歩者の夢想』において、若い頃に過ごしたスイスの小島での孤独な生活を幸福感とともに振り返っている。その時彼は欲望も不安も感じなかったと述べているが、それはまさに欲望を生み出す欠如のない、完全な充足状態であった。

5. とはいえ、ルソーの孤独な幸福は、それを支える他者の存在を考慮しない、主観的なものでもある。孤独であろうとすることは、他者の存在の忘却につながり、そこに孤独のなかの幸福の限界が存在している。

6. アリストテレスは『ニコマコス倫理学』において享楽的生活、政治的生活、観想的生活の三つを区別した。アリストテレスの主張には反するものの、名誉や権力を追求する政治的生活を幸福と考える人にとっては、他者の存在は不可欠である。

7. 孤独のなかの幸福は確かに存在するものの、そこには他者の不在という限界が存在するのではないだろうか？　他者の存在を考慮した場合、幸福とは一体どのようなものであるのだろうか？

## 他者の不在は幸福を制限する

教授　次は展開②「孤独のなかでの幸福には限界が存在する」だね。ちょっと変化球だけど。

学生　そうですね。完全に否定しているわけではなく、もっと広い文脈に位置づける選択肢になりますね。

教授　そうだね。

学生　どんな論拠を持ってくればわかりやすいでしょう。孤独のなかの幸福が考えられない他者とか社会についての論拠を持ってくればいいですよね。

教授　それがいいだろうね。

学生　たとえば共感が幸福と不幸を生むというヒュームの議論は、他者の存在が幸福に不可欠だということの論拠になりますよね。

教授　孤独のなかでの幸福はありえないということだから、展開①とは真っ向から対立する考え方だね。流れをうまくまとめる必要はあるけどいいんじゃないかな。

### 幸福は社会の問題でもある

**学生** それから、さっき政治的生活の話が出ましたが、幸福を政治的に考えると、それは個人の問題ではなくて社会の問題になりますよね。だから、たとえばサン＝ジュストとかベンサムについて言及するのがいいのではないかと思います。

**教授** その二人はどちらも幸福を政治の目的として考えているからいいんじゃないかな。そして幸福の意味の歴史的変化を述べたサン＝ジュストと、功利主義のベンサムなら視点も異なるから、両方使えばいいと思うよ。

**学生** ではそれで考えてみます。

---

**展開❷**「孤独のなかでの幸福には限界が存在する」

1. 確かに人は孤独のなかで幸福でいることができるが、一方で他者や集団との関係においてのみ実現可能な幸福も存在する。
2. ヒュームは、幸福や不幸が生まれるのは他者との共感のなかにおいてであると考えた。つまり、孤独な人間には幸福も不幸も生まれることがない。他者との関係を幸福の基礎に据えているという意味で、ヒュームは孤独の限界を見出している。

3. ヒュームほど極端ではないにせよ、多くの哲学者、思想家たちが集団の幸福の問題に取り組んでいる。たとえばサン＝ジュストが「幸福とはヨーロッパにおいては新しい観念である」とフランス革命の後に述べたのは、民衆全体の幸福という新しい問題の出現を告げるものであった。

4. ベンサムは社会全体の幸福を増大させることが善であると考えた。彼によると、政府の施策は「最大多数の最大幸福」の原則に従ったものでなければならない。そこでは幸福は個人的なものであるだけでなく、その総和としての集団的なものであると考えられている。

5. 他者や集団との関係における幸福は、孤独のなかの幸福を乗り越える様々な幸福の可能性をわれわれに示すのである。

---

**学生** これでどうでしょうか？

**教授** いいね。じゃあ結論もこの調子でまとめてしまおう。

学生　はい。

結論

1. 幸福の追求が各個人の自由にゆだねられているのであれば、孤独のなかでの幸福も実現可能であるように思える。

2. ストア派の考え方やルソーの経験は、まさに幸福な孤独の存在を示唆している。

3. しかしその一方で、孤独のなかの幸福には限界が存在している。そこでは他者や社会との関係が不在であるか無視されている。

4. 幸福は他者との関係のなかで生まれるものであったり、あるいは社会全体にかかわるものであったりするが、孤独のなかの幸福は、幸福のそうした側面をとらえることができない。

5. ゆえに、孤独のなかで幸福でいることはできるものの、そこには他者と社会の不在という限界が明確に存在しているのである。

**教授** これで完成だね。ところでさっきからスマホの通知がすごいけど大丈夫？

**学生** えーっと、SNSの通知ですね。あ！　炎上だって！　すみません先生、こういうのはやっぱりリアルタイムで見ないと面白くないので失礼します！　やっぱり他者とのつながりって大事ですよね！　今夜は徹夜かなあ。

**教授** 君の場合は孤独のなかでの幸福を学んだ方がよかったのかもね……。

## その他の問題

幸福を扱う問題は他にもたくさんあります。

その一部を紹介し、解答の仕方を簡単に紹介しておきましょう。

**「知ることによって幸福が損なわれることはありえるだろうか?」**

知るということと幸福の対立が問題になっています。特に真理を認識することと幸福の対立について考えなければなりません。

「損なわれる」という立場にはデカルトの主張を使うことができるでしょう。彼にとっては真理の探究によって幸福が損なわれたとしても、それは善いことなのです。

逆に「損なわれない」の立場にはストア派の議論が有効です。ありのままの世界を受け入れること、そのためには世界がどのような仕組みで動いているのかを知らなければなりません。ストア派は心の平安のために自然を研究することを推奨したのです。

**「幸福とはもう何も欲さないということだろうか？」**

幸福とは欲望の不在であるか、と言い換えることができます。

必要最低限の欲望だけを満たすことを理想的な生であると考えたストア派であれば、この考えに賛成するかもしれません。

しかし、完全な欲望の不在は、人間が生きている限り不可能です。「はい」の立場をストア派の主張やルソーの経験で支持した後に、欲望が人間の本質であり、幸福はそこに存在するという「いいえ」の立場をスピノザやフロイトの主張を使いつつ議論することができるでしょう。

この問題のように一方の選択肢（この場合「いいえ」）が明らかに正しいように見える問題では、反対の立場（この問題では「はい」）をどれだけ説得力のある論拠で基礎づけられるかが、解答全体の質を決定します。

**「幸せになるためには働かなければならないのだろうか？」**

幸福と労働の関係を問う問題です。

労働については、それを悪や呪いととらえる立場と、反対に人間の本質の実現のための不可欠な手段として肯定的にとらえる立場があります。

前者の立場に従えば、労働は幸福を妨げるものです。ブラック企業での労働などはその典型的な例でしょう。

反対に、人間性の完成のために労働が必要であるという立場からすると、労働は幸福に至る不可欠の手段です。労働を通じて人間は徳を身に付けます。その意味で労働は幸福という最高善へと至る道なのです。

とはいえ、幸福主義を唱えたアリストテレス自身は、労働は奴隷が行うものであると考えていたことも忘れてはならないでしょう。

## 世界を生き抜く思考のツールとしてのバカロレア哲学試験

フランスのバカロレア哲学試験について、ここまでさまざまな角度から眺めてきました。ひとつの問題について徹底的に考えるという姿勢が一貫して存在することがわかってもらえたでしょうか。

フランス人が日本人より幸福であるのはなぜか、という問題に対して、フランス人は幸福を「感じる」だけでなく「考える」からではないか、という答えを「はじめに」で示しました。

幸福についてのさまざまな哲学的な立場や議論を学び、そしてそれらを使って哲学小論文という「思考の型」を使って表現することを、フランス人は高校時代に徹底的に練習しています。

「思考の型」を通じて彼らが表現しようとするものは、過去の哲学者の主張の反復や模倣ではありません。生きていくなかで自分が遭遇した問題や困難をどのように理解すべきか、そして人生をどのように切り開いていくかを考えるための実践的な道具が哲学なのです。幸福になるために、そして幸福であるために、哲学は武器になるのです。

しかも、この「型」は社会のなかで広く共有されている思考を表現する方法です。逆に言えば、どんなにオリジナルで突飛な内容であっても、この「型」を守っていれば、読む人、聞く人には構成や議論の流れがある程度理解できるということです。

その意味で、バカロレア哲学試験は個人の思考力、表現力を鍛えるだけでなく、社会のなかに存在するさまざまな意見や主張を、できるだけ多くの人に理解してもらうためのフォーマットの役割も果たしているのです。

これは哲学教育というひとつの伝統のなせるわざだと言えるでしょう。

日本においても、論理的思考や批判的思考を身に付けなければならないと言われて久しいですが、実際にどのようにすれば身に付けられるのかはなかなかわからないものです。

最後に、バカロレア哲学試験に見られる思考の方法が、どのようにわれわれにとって「使える」のかを四つのポイントにまとめておきます。

## ❶「もやもや」を問題の形にする

バカロレア哲学試験の問題は短い問いの形で与えられます。その問いの中に圧縮されたさまざまな問いを解き放ち、それらを手がかりに考えるのが哲学小論文を書くためのスタートです。

普段からわれわれも仕事や私生活でいろいろな問題や悩みを抱えています。あるものははっきりとした問題であり、またあるものは形もよくわからないもやもやとした感情であったりします。

そんなもやもやを言葉で表現する習慣をつけることは重要です。言葉になってはじめてわれわれは問題をはっきりと認識し、それに対処することができるからです。

そして、問題を一文で表現する習慣をつけてみましょう。

その時に、バカロレア哲学試験の問いの形式を参考にすればよいのです。問いの形は、何について考えればいいのか指針を与えてくれます。

自分でもよくわからない感情に言葉という形を与え、それを論理で考える準備をすること、それが第一のポイントです。

## ❷「思考の型」を使って問題に答える

こうして問題が形になれば、それを分析し、答えを作ってみることができます。「はい」と「いいえ」の選択肢について徹底的に考えることは、自分の悩みがどのようなもので、どうすれば解決できるかの手がかりを与えてくれるはずです。

悩んでいる時には、自分の考えとは反対の立場や異なる意見にはなかなか目が届きにくいものです。しかし、「思考の型」を使って考えるということは、反対意見について検討する義務があるということなのです。

反対意見がどのようなもので、どのような論拠を持っているかを考え、その上で自分の考えを擁護するという訓練は、自分の心のなかに他人を住まわせるようなものです。異なる考え方をする習慣をつけること、それは自分と他人の違いを理解した上で、自分の意見を主張するための大事なステップです。

## ❸他人の議論を「思考の型」に当てはめて考える

第一と第二のポイントが、自分ひとりで行う思考の訓練であるなら、第三のポイントは、他人の意見を「思考の型」を使って考えるという態度です。

当たり前ですが、他人は自分とは違います。考え方も、話し方もひとそれぞれです。意見が似通っていればあまり問題はありません。しかし、意見が対立している時は、相手の主張に注意深く耳を傾ける必要があります。そして、その上で意見の違いや妥協点を探さなければなりません。

その際に、相手の主張を支える論拠が何か、そしてそれがどのようにつながっているかを理解することは、自分の意見を主張する上でも重要です。

もちろん相手の意見が感情的だったり矛盾だらけであったりすることもあるでしょう。しかしその場合でも、相手が本当に言いたいことは論理的であるに違いないという前提で相手の主張を理解しようとする態度は、意見の対立を生産的なものにするためには不可欠です。

**❹意見の違いを尊重しながら他者を説得する**

そして、自分の主張を相手に伝える時も、一方的に自分の立場を守るのではなく、まず反対意見の主張を丁寧に説明した上で、そこに足りない点を指摘するべきでしょう。

意見の対立を解決するためには、自分の意見の優越を主張するだけでなく、相手の意見を理解した上で、その足りない点を明らかにすることが重要です。

もし双方に足りない点があるのなら、それはお互いにとって有益な解決策を見つけるチャンスです。そうした意見の違いを乗り越える方法もまた、バカロレア哲学試験から学ぶことができるのです。

バカロレア哲学試験の思考の方法は、哲学小論文という多くの日本人には縁がない文章のジャンルを書くためだけに役立つものではありません。

むしろそれは、人生のなかで遭遇する問題や困難を分析し、理解し、解決するための強力な道具なのです。

フランス人はこの道具の使い方を高校で学びます。だからといって、それはフランス人の専売特許ではありません。われわれもまた、その方法を身に付け、活用してこの世界を生き抜いていくことができるでしょう。

ゴールは何か？

それは幸福です。

われわれもまた、幸福に至る道を見つけるために、哲学すればいいのです。

*Bibliographie*

# もっと知りたい人のための
# ブックガイド

ここでは、哲学の授業やバカロレア哲学試験に興味を持った読者のみなさんのために、本文（特に第3章）に登場した「元ネタ」の文献を著者別リストにしました。「幸福」について知りたい、考えたい時に、それぞれの本のどの部分を読めばいいか、目安を示しておきます。

哲学書の文体は独特ですが、比較的わかりやすいものもあります。最初から読み進めなくてもかまいません。興味をひかれるところから読めばよいでしょう。もっと知りたいことが出てきたら、他の部分にも目を通してみてください。何か発見があるかもしれません。

一冊だけを読むのではなく、いろいろな本を読み比べて、幸福について考えてみるのも面白いでしょう。

本書の記述はわかりやすさを重視して、細かい部分を省略していることが多いです。しかし、細部にも哲学の面白さはあるのです。本書で触れることのできなかった部分を、ぜひ読んでみてほしいと思います。

**プラトン（紀元前428か427年－紀元前348か347年）**

『ゴルギアス』（加来彰俊訳、岩波書店）

快楽主義を主張し、ソクラテスの称える正義や節制といった徳を「奴隷の道徳」として批判するカリクレスという人物が出てきます。ソクラテスがカリクレスをどのように論破するかが見ものです。

**アリストテレス（紀元前384年－紀元前322年）**

『ニコマコス倫理学』（渡辺邦夫、立花幸司訳、光文社）

幸福を「最高善」としてとらえる幸福主義の立場が論じられています。特に第1巻、第7巻、第10巻で幸福の問題が取り上げられています。

**エピクロス（紀元前341年頃－紀元前270年頃）**

『エピクロス――教説と手紙』（出隆、岩崎允胤訳、岩波書店）

「メノイケウス宛の手紙」が収録されています。語りかける口調で書かれた読みやすく短い書簡です。2000年以上前に書かれたものですが、まったく古びていません。

**エピクテトス（55年頃－135年頃）**

『語録　要録』（鹿野治助訳、中央公論新社）

ストア派の代表的な主張を読むことができます。「語録」は講義や対話調で書かれており、「要録」は短い断章の形でエピクテトスの主張がまとめられています。

**デカルト（1596年－1650年）**

『方法序説』（谷川多佳子訳、岩波書店）

「世界の秩序よりも自分自身の欲望を変えるように努める」という一節は、第三部の冒頭にあります。デカルトの言葉として知られる有名な「われ思う、ゆえにわれ在り」は第四部に出てきます。

『デカルト＝エリザベト往復書簡』（山田弘明訳、講談社）

1645年10月6日付のエリザベト王女宛ての書簡の中で、幸福と真理のどちらを選ぶべきかが議論されています。

**ブレーズ・パスカル（1623年－1662年）**

『パンセ』（塩川徹也訳、岩波書店）

パスカルが出版のために書きためていた断片的な文章が死後まとめられたものです。「気晴らし」と題された断想群の中で、幸福のはかなさ、無意味さが描き出されています。

**バルフ・デ・スピノザ（1632年－1677年）**

『エチカ』（畠中尚志訳、岩波書店）

「幾何学的秩序に従って論証された倫理学」という正式な題名が示す通り、定義、公理、定理、証明といった用語を用いて、神や人間について論じた本です。形式に戸惑うかもしれませんが、いわゆる哲学書とは違った魅力があります。幸福については特に第三部「感情の起源および本性について」で分析されています。

**デイヴィッド・ヒューム（1711年－1776年）**

『人間本性論　第3巻　道徳について』（伊勢俊彦他訳、法政大学出版局）

第三部「その他の徳と悪徳について」の中で、幸福や不幸が他者への共感の中で生まれるものであることが論じられています。

**ジャン＝ジャック・ルソー（1712年－1778年）**

『孤独な散歩者の夢想』（永田千奈訳、光文社）

「第五の散歩」で、若き日のルソーが孤独の中で感じた幸福がいきいきと描かれています。

**イマヌエル・カント（1724年 - 1804年）**

『人倫の形而上学』（吉沢伝三郎、尾田幸雄訳、理想社）

『啓蒙とは何か　他四篇』（篠田英雄訳、岩波書店）

『啓蒙とは何か』には「理論と実践」が収録されています。これらの著作でカントは、国家の平和と個人の幸福は異なるものであり、幸福の追求は個人に任されるべきであると主張しています。

『道徳形而上学の基礎づけ』（中山元訳、光文社）

幸福が「理性の理想ではなく、想像力の理想」であり、普遍的な定義は不可能なものであることが、第二章「通俗的な道徳哲学から道徳形而上学へと進む道程」で述べられています。

『純粋理性批判』（中山元訳、光文社）

幸福と道徳的義務の関係について、第二部第二章第二節「純粋理性の究極の目的を規定する根拠となる最高善の理想について」で論じられています。

**ジェレミー・ベンサム（1748年 - 1832年）**

**ジョン・スチュアート・ミル（1806 - 1873年）**

『ベンサム　J・Sミル――世界の名著38』（関嘉彦編、中央公論社）

「道徳および立法の諸原理序説」（ベンサム）の第四章で快楽計算について述べられています。また、「功利主義論」（ミル）の第二章では功利主義の定義がなされています。

**アルトゥーア・ショーペンハウアー**（**1788年－1860年**）

『意志と表象としての世界』（西尾幹二訳、中央公論新社）

第56節、第58節で幸福が幻影にすぎないことが述べられています。渦巻くエネルギーに圧倒されたら、ぜひ他の部分も読んでみてください。

**フリードリヒ・ニーチェ**（**1844年－1900年**）

『権力への意志』（原佑訳、筑摩書房）

ニーチェの遺稿を遺族が編纂したもので、アフォリズムと呼ばれる短い文章の集まりからできています。幸福については第三書「新しい価値定立の原理」でよく言及されています。また、『反時代的考察』第二篇「生に対する歴史の利害について」の冒頭では、幸福と忘却の関係が論じられています。

**ジークムント・フロイト**（**1856年－1939年**）

『幻想の未来／文化への不満』（中山元訳、光文社）

「文化への不満」の第二節で、幸福と快楽、欲望の関係が分析されています。

バカロレア哲学試験についてもっと知りたい人は、以下の本や論文が参考になります。

綾井桜子『教養の揺らぎとフランス近代——知の教育をめぐる思想』勁草書房

特に第五章「教養と哲学教育」が参考になります。

柏倉康夫『指導者（リーダー）はこうして育つ——フランスの高等教育グラン・ゼコール』吉田書店

バカロレア哲学試験の存在を知るきっかけを与えてくれた筆者の恩師です。フランスのエリート養成機関であるグラン・ゼコールを多角的に紹介する中で、バカロレア哲学試験の重要性が論じられています。

中島さおり『哲学する子どもたち——バカロレアの国フランスの教育事情』河出書房新社

フランスで子育てをした著者の経験にもとづく哲学教育の紹介がわかりやすいです。他にもフランスの教育事情が当事者の視点から生き生きと語られています。

---

私がこれまでに書いてきたバカロレア哲学試験に関係する文章も紹介しておきます。

坂本尚志「バカロレア哲学試験は何を評価しているか？—受験対策参考書からの考察」『京都大学高等教育研究 18号』

インターネット上でPDFファイルを見ることができます。

坂本尚志「専門教育は汎用的でありえるか―ジェネリック・スキルとバカロレア哲学試験」『反「大学改革」論』藤本夕衣、古川雄嗣、渡邉浩一編、ナカニシヤ出版

坂本尚志「『合理性の共同体』の存続のために―哲学的思考と教育」『共にあることの哲学と現実　家族・社会・文学・政治

――フランス現代思想が問う〈共同体の危険と希望〉2　実践・状況編』岩野卓司編、書肆心水

---

最後に、番外編として映画をひとつ。

『ザ・カンニング［IQ=0］』（1980年、フランス）

バカロレア受験のための予備校に通う生徒たちが、スパルタ校長のしごきに悪戯で応戦するのですが、ひょんなことから爆弾テロの疑いをかけられてしまいます。バカロレアに合格すれば無罪放免という条件が裁判長から出され、彼らはカンニングによって合格しようとする……というコメディ映画です。1970年代、バカロレアの合格者が同世代の25%程度だった時代の雰囲気を笑いの向こうにうかがい知ることができます。

最後に、この本がどのようにできたのかを振り返っておきたいと思います。

２００１年から２０１１年までの10年間、私はフランスのボルドーという街で暮らしながら、20世紀フランスの哲学者ミシェル・フーコーの研究をしていました。

２０１１年夏に帰国し、秋から京都大学の高等教育研究開発推進センターで働き始めました。しばらくして、大学院生向けのゼミでフランスの教育について発表することになりました。

何を話そうかとしばらく考え、自分が多少は知っている哲学教育をテーマに選びました。そこでバカロレア哲学試験についてはじめてきちんと調べてみたのです。

そこには、フランス人のものの考え方のひとつの原型がありました。哲学科の学生や、私が研究のかたわら教えていた日本語専攻の学生と話したり、書いたものを読んだりする中でなんとなく感じていたフランス的な思考の方法がそこにあったのです。

高校生が答えられるようには思えないバカロレア哲学試験の問題に、実は解答のための

「型」があるというのは、哲学試験のイメージを覆すものでしょう。先入観と現実の間の違いを明らかにすることは、研究の醍醐味のひとつです。ですから、バカロレア哲学試験について調べることは、とても楽しいことでした。

「型」があって、それが学校で教えられているということは、われわれもその「型」を学ぶことが可能だということです。バカロレア哲学試験というフランス独特の制度を知ってもらうだけでなく、そこから私たちが何を学ぶことができるかを考えながら、この本を書き進めてきました。

小論文の書き方や講義については、現在入手可能なバカロレア哲学試験の学習参考書を比較し、どのような哲学者や著作が言及されているかを調査した上で、扱う内容を決定しました。

古代から現代までの哲学史を眺める形になりましたが、説明が不十分なところや間違っているところなどもあるかと思います。そうした点についてはご指摘していただければと思います。

執筆に際しては、多くの人にお世話になりました。特に、バカロレア哲学試験を知るきっかけを与えてくださった恩師柏倉康夫先生、そしてバカロレア哲学試験について発表する場を与えてくださった京都大学の松下佳代先生には、厚く御礼申し上げます。

本書が出版されるまでには、さまざまな紆余曲折がありました。星海社の櫻井理沙さんには、頓挫しかけた企画を拾い上げていただき、多くの人に届く形になるよう、細部まで目を配っていただきました。

そして、慣れない新書執筆にあたふたしていた私に付き合ってくれた妻と息子たちにも感謝します。

本書が読者のみなさんのお役に立つことを願って。

2018年1月　京都にて　坂本尚志

# バカロレア幸福論《こうふくろん》 フランスの高校生《こうこうせい》に学《まな》ぶ哲学的思考《てつがくてきしこう》のレッスン

二〇一八年 二 月二三日 第 一 刷発行
二〇二二年 二 月 三 日 第 三 刷発行

著　　者　坂本尚志《さかもとたかし》


発 行 者　太田克史《おおたかつし》
編集担当　櫻《さくら》井理沙《いりさ》

アートディレクター　吉岡秀典《よしおかひでのり》（セプテンバーカウボーイ）
デ ザ イ ナ ー　山田知子《やまだともこ》（チコルズ）
フォントディレクター　紺野慎一《こんのしんいち》
校　　閲　鷗来堂《おうらいどう》

発 行 所　株式会社星海社
〒一一二-〇〇一三
東京都文京区音羽一-一七-一四 音羽YKビル四階
電　話　〇三-六九〇二-一七三〇
FAX　〇三-六九〇二-一七三一
https://www.seikaisha.co.jp/

発 売 元　株式会社講談社
〒一一二-八〇〇一
東京都文京区音羽二-一二-二一
（販 売）〇三-五三九五-五八一七
（業 務）〇三-五三九五-三六一五

印 刷 所　凸版印刷株式会社
製 本 所　株式会社国宝社



ISBN978-4-06-511232-8
Printed in Japan

122
SEIKAISHA SHINSHO

次世代による次世代のための

# 武器としての教養
# 星海社新書

星海社新書は、困難な時代にあっても前向きに自分の人生を切り開いていこうとする次世代の人間に向けて、ここに創刊いたします。本の力を思いきり信じて、みなさんと一緒に新しい時代の新しい価値観を創っていきたい。若い力で、世界を変えていきたいのです。

本には、その力があります。読者であるあなたが、そこから何かを読み取り、それを自らの血肉にすることができれば、一冊の本の存在によって、あなたの人生は一瞬にして変わってしまうでしょう。思考が変われば行動が変わり、行動が変われば生き方が変わります。著者をはじめ、本作りに関わる多くの人の想いがそのまま形となった、文化的遺伝子としての本には、大げさではなく、それだけの力が宿っていると思うのです。

沈下していく地盤の上で、他のみんなと一緒に身動きが取れないまま、大きな穴へと落ちていくのか？　それとも、重力に逆らって立ち上がり、前を向いて最前線で戦っていくことを選ぶのか？

星海社新書の目的は、戦うことを選んだ次世代の仲間たちに「武器としての教養」をくばることです。知的好奇心を満たすだけでなく、自らの力で未来を切り開いていくための〝武器〟としても使える知のかたちを、シリーズとしてまとめていきたいと思います。

2011年9月

星海社新書初代編集長　柿内芳文

SEIKAISHA SHINSHO